왜 한니발 장군은 알프스 산맥을 넘었을까?

교과서 속 역사 이야기, 법정에 서다

12
역사공화국
세계사법정

한니발 vs 스피키오

왜 한니발 장군은 알프스 산맥을 넘었을까?

글 박재영 · 그림 이남고

|주|자음과모음

살아가면서 자신의 일생 동안 경험할 수 있는 양은 한정되어 있습니다. 그렇다면 과연 우리는 어떻게 경험하지 않은 지식과 지혜를 얻을 수 있을까요? 맞습니다. 여러분도 아시다시피 가장 좋은 방법은 바로 역사를 공부하는 것이지요. 우리는 역사를 통해 직접 체험할 수 없는 다양한 인생을 간접적으로 체험할 수 있고, 인류의 문명을 발전시켰던 위대한 인물들과 역사적 사건 또한 접할 수 있습니다.

이러한 점들을 생각해볼 때, 로마의 역사가 우리에게 시사하는 점은 이루 말할 수 없이 큽니다. 기원전 753년 로마의 건국, 기원전 509년 공화정의 시작, 3차에 걸친 포에니 전쟁, 그라쿠스 형제의 개혁, 카이사르의 등장과 옥타비아누스에 의한 제정의 시작, 5현제의 시대, 서로마 제국의 멸망, 이후 1천 년간 이어진 동로마 제국 등 모두 2천 년 동안의 로마사는 인류의 지혜와 교훈이 담긴 보고(寶庫)라 할 수 있습니다.

이 책은 기나긴 로마의 역사 중에서 로마의 운명이 걸렸던 포에니 전쟁을 다루고 있습니다. 포에니 전쟁이란 당시 강력한 함대를 보유하며 지중해를 지배했던 해상 제국 카르타고와 이탈리아 반도를 통일하고 새로운 강국으로 부상하던 로마가 국가의 운명을 걸고 치른 약 120년간의 치열한 전쟁을 말합니다. 전쟁은 결국 로마의 승리로 끝났으며, 이후 로마는 지중해 일대를 손에 쥐게 되었답니다.

역사는 항상 승자에 의해 기록되기 때문에 카르타고의 역사와 한니발에 대한 평가는 부정적일 수밖에 없었지요. 그러나 이 책에서는 역사의 승자인 로마 위주의 서술에서 벗어나, 보다 객관적이고 균형 있는 시각에서 포에니 전쟁의 모습과 전쟁 이후 로마의 사회적 변화를 살펴보았습니다.

아무쪼록 이 책이 역사를 통하여 삶의 지혜를 얻고, 역사에 대한 이해의 폭을 넓히고자 하는 독자 여러분께 도움이 되기를 바랍니다.

박재영

로마는 기원전 8세기 무렵 이탈리아 반도의 중부를 흐르는 테베레 강 하류의 작은 도시 국가로 시작했다. 처음에는 왕이 다스렸지만 귀족들이 왕을 몰아내고 공화정을 세웠다. 로마는 주변 나라와 전쟁을 벌이며 영토를 넓혀 나갔다. 점점 땅을 넓혀 이탈리아 반도를 통일한 로마는 카르타고와 3차례 전쟁을 벌여 승리하였다. 이 전쟁이 바로 '포에니 전쟁'이다.

중학교	역사	VII. 통일 제국의 등장 4. 지중해 세계의 형성과 크리스트교의 성립 (3) 지중해를 지배한 로마 제국

로마인은 카르타고를 세운 페니키아인을 포에니인이라고 불렀다. 영토 문제로 로마는 카르타고와 전쟁을 벌였는데, 이 전쟁에서 가장 유명한 사건이 바로 카르타고의 장군 한니발이 코끼리를 몰고 알프스 산맥을 넘어 이탈리아로 쳐들어간 것이다.

로마는 기원전 3세기 중엽부터 카르타고와 대전(포에니 전쟁)을 벌였다. 서부 지중해의 제해권을 둘러싼 이 전쟁에서 로마가 승리하여 시칠리아 섬, 이베리아 반도, 북부 아프리카의 카르타고 본국을 차지하였다. 이후 로마 인들은 동부 지중해에서도 마케도니아를 정복하고 강력한 세력으로 떠올랐다.

고등학교   세계사

Ⅱ. 도시 문명의 성립과 지역 문화의 형성
   4. 그리스와 로마
     (2) 로마의 건국과 발전: 왕정에서 공화정으로

포에니 전쟁은 로마 사회에 큰 변화를 주었다. 정복지가 늘어났기 때문이다. 정복지가 늘어난 로마는 정복지를 속주로 편입시키고 총독을 보내어 다스리도록 하였다.

기원전

800년경 고조선의 수도를 왕검성에 정함

450년경 송화강 상류 일대에 부여 성립

300년경 철기 문화 시작
연나라의 고조선 침입

200년경 삼한 시대 시작

194년 위만 왕조 성립

109년 한 무제, 고조선 침략

108년 고조선 멸망, 한4군 설치

등장인물

원고 **한니발(B.C. 247년 ~ B.C. 183년)**

나는 카르타고의 명장 한니발이라고 하오. 포에니 전쟁의 수많은 전투에서 승리하여 로마인에게는 공포의 대상이 되었소. 내가 자마 전투에서 스키피오에게 지지만 않았어도 알렉산드로스 대왕보다 위대한 인물로 칭송받았을 것이오.

원고 측 변호사 **김딴지**

딴죽 걸기의 명수! 김딴지 변호사입니다. 막무가내로 딴지를 거는 게 아니라 풍부한 지식을 바탕으로 잘못된 역사를 바로잡는 데 혼신의 힘을 쏟는 명변호사란 말씀! 이번 재판에서 한니발 장군의 승리를 장담합니다.

원고 측 증인 **나역사(가상의 인물)**

역사하면 나, 나역사! 학창시절 내내 눈이 빠지도록 역사책만 들여다 봤지요. 이번 재판에 참고인 자격으로 나오게 되었습니다. 포에니 전쟁이 왜 일어났는지 자세히 알려드릴게요.

원고 측 증인 크산티포스

나는 1차 포에니 전쟁 때 카르타고의 용병 대장으로 활약했습니다. 수많은 승리를 거두었음에도 불구하고 카르타고의 정치인들은 나를 해고해 버렸지요. 그 이후로 카르타고는 패배를 거듭했답니다. 흥! 내가 없는데 이길 리가 있나.

원고 측 증인 하밀카르

위대한 바르카 가문의 후예이자 한니발의 아버지요. 나는 에스파냐 식민지를 개척하여 카르타고의 힘을 놀랍도록 키워 놓았소. 한니발의 뛰어난 군사적 재능과 통솔력은 나를 쏙 빼닮은 것이오. 그 아버지에 그 아들이라고 할 수 있지!

원고 측 증인 마고네

나는 한니발의 동생입니다. 2차 포에니 전쟁 때 한니발 형을 따라 눈 덮인 알프스 산맥을 넘었지요. 이후 나는 카르타고로 항해하는 도중 부상의 후유증으로 배 안에서 죽게 되었습니다. 그렇지만 칸나에 전투에서의 승리는 죽어서도 잊을 수 없는 명승부였지요.

피고 스키피오(B.C. 235년~ B.C. 183년)

나는 로마의 유서 깊은 코르넬리우스 가문의 후
예인 스키피오라고 하오. 자마 전투에서 한니발
을 물리친 후 로마 시민들로부터 '아프리카누스
(아프리카의 정복자)'라는 칭호를 얻었소. 내가 없었
다면 로마는 카르타고와의 전쟁에서 패하고 말았
을 것이오.

피고 측 변호사 이대로

나는 역사공화국의 이름난 변호사 이대로라고 합
니다. 기존의 역사적 평가에는 다 이유가 있다는
확신을 가지고 있으며, 역사적 진실은 쉽게 변하
는 것이 아니라고 생각하지요. 이번 재판에서 나
의 활약을 기대해 주세요.

피고 측 증인 막시무스

나는 2차 포에니 전쟁에서 로마의 독재관으로서 한니발의 군대를 맞아 싸웠습니다. 정면 대결을 피하면서 끈질기게 한니발의 뒤를 추격하는 전략을 펼쳤지요. 한니발을 지치게 만드는 것이 나의 목표였답니다. 그때 한니발은 정말 무서웠다구요.

피고 측 증인 어시스투스(가상의 인물)

나는 2차 포에니 전쟁에서 스키피오의 부하로 자마 전투에 참가하여 한니발 군대와 싸워 승리했습니다. 전쟁의 신 마르스가 우리를 도와주지 않았다면 패했을지도 모르지요. 전쟁에서 승리하고 난 뒤 로마에서의 개선식은 영원히 잊지 못할 것입니다.

피고 측 증인 다이기리우스(가상의 인물)

나는 원래 농부였다가 3차 포에니 전쟁 때 로마군 병사로 참전한 다이기리우스입니다. 나같은 농민 덕에 로마는 전쟁에서 승리했지만, 나는 빈털터리가 되고 말았어요. 전쟁에서 이기면 뭐합니까? 목숨을 걸고 조국을 위해 싸웠는데, 내게 돌아온 건 가난과 허탈, 분노뿐이었어요.

"한니발 장군이 로마에 진 게
단 한 번뿐이었다고요?"

여기는 사람들의 영혼이 모여 있는 역사공화국.

김딴지 변호사는 사무실에서 화상 회의를 준비하느라 분주히 뛰어다니고 있었다. 캠을 컴퓨터에 연결하고 한쪽 벽면에는 대형 스크린을 설치했다. 캠을 바라보는 한니발의 표정은 약간 굳어 있었다.

"화상 회의는 처음이시죠? 너무 긴장하지 마세요."

김딴지 변호사는 난생처음 보는 기계들 앞에서 얼어 버린 한니발을 안심시키기 위해 말을 건넸다.

그런데 김딴지 변호사는 지금 어째서 화상 회의를 준비하고 있을까?

이야기인즉슨 이렇다. 어제 불쑥 한니발 장군이 흥분한 상태로 찾아와 노발대발하며 스키피오를 고소하겠다고 했다. 그 이유는 스키피오와 후대 로마의 역사가들이 카르타고와 한니발을 침략자로 몰아붙였기 때문이었다.

김딴지 변호사는 흥분한 한니발 장군을 일단 진정시키고 이야기를 들어 보았다. 이야기를 들으면 들을수록 김딴지 변호사는 한니발과 스키피오가 한번 직접 대화를 나눠 보는 게 좋겠다는 생각이 들었다. 그래서 수소문을 해 보니, 그 무렵 스키피오는 이탈리아의 어느 휴양지에서 휴가를 즐기고 있었다. 낙심하던 찰나, 때마침 김딴지 변호사의 머리에 '화상 회의'가 번개처럼 떠올랐던 것이다.

컴퓨터를 통해 화상이 연결되자, 로마를 배경으로 한 스키피오가 나타났다. 스키피오는 에티오피아산 원두커피의 향을 음미하며 말을 꺼냈다.

"안녕하시오, 한니발 장군! 역시 커피는 에티오피아 것이 최고야. 한니발 장군도 그렇게 생각하지 않소?"

에티오피아는 아프리카 대륙의 북동부에 있는 나라인데, 한니발이 활동하던 기원전 3세기 경에는 카르타고 영토의 일부였다. 스키피오는 괜히 에티오피아 커피를 마시면서 한니발을 놀려주고 싶었던 것이었다. 스키피오의 이러한 생각을 알아챈 한니발은 입술을 지그시 깨물었다. 한동안 한니발의 표정을 유심히 살피던 스키피오가 천천히 입을 열었다.

"하하하……. 농담 좀 한 걸 가지고 뭘 그렇게 심각하게 받아들이시오? 그런데 장군, 장군은 역사상 가장 위대한 군사령관이 누구였다고 생각하오?"

스키피오가 갑작스레 질문했으나 한니발은 별다른 망설임 없이 대답했다.

"역사상 가장 위대한 군사령관이라……. 포에니 전쟁까지의 역사를 놓고 보면, 그건 말할 필요도 없이 그리스의 알렉산드로스 대왕이오. 그를 능가할 만한 사령관은 아무도 없소."

스키피오는 한니발의 대답에 수긍한다는 듯이 고개를 끄덕였다.

"그렇다면, 두 번째로 위대한 인물은?"

"에피루스의 피로스 왕이오. 그는 최고의 병법가로서 둘째가라면 서러울 정도로 많은 전투에서 승리를 거두었소."

"그렇소? 그럼, 세 번째는 누구라고 생각하오?"

"그건 바로 나, 카르타고의 한니발이오."

한니발이 대답을 마치자, 스키피오는 어이가 없다는 듯 비웃으며 커피를 한 모금 들이켰다.

"하하. 장군은 자마 전투에서 나에게 패하지 않았소? 어찌 패장이 승장 앞에서 자신을 더 위대한 인물이라고 한단 말이오? 지나가던 개도 웃겠소그려. 하하."

스키피오가 성미를 건드리는 말을 하자 한니발이 발끈하며 소리쳤다.

"비웃지 마시오! 만약 내가 자마 전투에서 당신에게 승리했다면, 나는 알렉산드로스와 피로스를 능가하는 역사상 가장 위대한 군사령관으로 불렸을 거요."

"음……. 하지만 나는 장군의 말에 동의할 수가 없소. 나는 분명히

왜 한니발 장군은 알프스 산맥을 넘었을까?

장군과 싸워 이겼고, 카르타고는 로마에 항복하지 않았소? 그러니 당연히 승자인 내가 장군보다 더 위대한 사령관이오."

"당신은 나와 단 한 차례의 전투에서 이겼을 뿐이오. 그에 비해 나는 2차 포에니 전쟁 기간인 16년 동안 로마는 물론이고, 로마 동맹 세력 전체와 맞서 싸우며 수많은 전투를 승리로 이끌었소. 사람들이 2차 포에니 전쟁을 '한니발 전쟁'이라고 부르는 이유가 여기에 있소.

그러니 당신이 나와 싸워 고작 한 번 이긴 것을 떠벌이는 것 자체가 나에게는 너무나 우습게 들리오."

이번에는 스키피오 장군의 표정이 굳어졌다.

"장군! 지금 그 말은 무척이나 모욕적으로 들리는군요."

"그건 내가 할 소리요! 전쟁은 정치를 위한 하나의 수단일 뿐이오. 당신이 자마 전투에서 승리한 이유는 단 한 가지요. 바로 나보다 강성한 조국을 가졌기 때문이었소. 당신은 로마의 전폭적인 지원을 받았지만, 나는 전쟁 내내 카르타고의 지원 없이 홀로 싸웠소. 그런데 포에니 전쟁 이후 로마의 역사가들은 밑도 끝도 없이 전쟁의 책임을 나에게 돌리며 나를 침략자로 몰아 세우더군! 역사가 아무리 승자의 기록이라고 하지만 이것은 매우 유감스러운 일이오."

"좋소. 그렇다면 누가 옳고, 누가 그른지 세계사 법정에서 진실을 가립시다. 누가 뭐래도 장군이 패배자인 것은 확실하니까."

"뭐라고? 패배자? 당신이 잘못된 생각을 버리기만 했어도 고소하지 않을 참이었는데, 당신은 정말로 말이 안 통하는군!"

"지금 누굴 협박하는 것이오? 영혼 세계에 와서까지 이렇게 싸우게 되다니 유감이오. 하여튼 법정에서 봅시다!"

스크린에서 스키피오의 모습이 사라졌다.

화가 난 한니발 장군의 얼굴이 붉으락푸르락하고 있었다. 김딴지 변호사는 두 사람의 대화 자리를 마련한 것이 오히려 상황을 악화시킨 것이 아닌가 걱정이 되었다. 하지만 곧 마음을 다잡았다. 잘못된 역사를 바로잡기 위해서 이번 재판에서 꼭 승리하겠다고.

"한니발 장군, 너무 걱정하지 마십시오. 나, 김딴지 변호사가 이번 재판을 꼭 승리로 이끌겠습니다!"

로마 vs 카르타고

지중해에 위치한 이탈리아 반도의 작은 도시 국가였던 로마. 기원전 8세기 무렵에서 시작된 로마는 왕이 나라를 다스리던 시기를 거쳐 여러 명이 함께 정치에 참여할 수 있는 형태로 바뀌었어요. 세월이 지나며 세력을 점점 키워가던 로마는 기원전 270년경에 이탈리아 전역을 통일하기에 이르지요.

한편 로마인으로부터 '포에니'라고 불리던 사람들이 있었어요. 바로 아프리카 북부에 위치한 카르타고의 사람들이었지요. 로마가 힘을 키워가던 당시 카르타고 역시 지중해에서 큰 세력을 떨치고 있었답니다. 카르타고는 지중해에서의 무역으로 나라의 힘이 막강하였지요.

이렇게 가까운 지역에서 힘을 키우던 로마와 카르타고는 피할 수 없는 사이였어요. 결국 지중해 세계의 권력을 누가 잡는지를 둘러싸고 두 나라 사이에 전쟁이 벌어지게 됩니다. 이것이 바로 기원전 3세기 중엽에서 기원전 2세기 중엽에 이르기까지 3차에 걸쳐 벌어진 '포에니 전쟁'이에요. 이 전쟁에서 활약한 장군이 바로 카르타고의 한니발 장군과 로마의 스키피오 장군이랍니다. 한니발 장군은 제2차 포에니 전쟁에서 로마 군에 맞서 싸웠으며, 눈 덮인 알프스를 넘어서 이탈리아로 쳐들어가기도 했어요. 이후 한니발 장군은 자마 전투에서 로마의 스키피오 장군과 전투를 벌이게 되었지요. 하지만 오랜 원정으로 지쳐 버린 한니발의 군대는 로마 군에게 비참하게 지고 말았답니다. 한니발이 무너지고 제2차 포에니 전쟁은 로마의 승리로 돌아가게 되지요. 이후 로마군에 의해 카르타고는 완전히 무너지고 만답니다. 이것은 기원전 146년의 일로, 제3차 포에니 전쟁은 물론, 카르타고 역시 역사 속으로 사라지게 되었지요.

카르타고의 장군 한니발을 그린 그림

소장

| 원고 | 한니발 | 대리인 | 김딴지 변호사 |
| 피고 | 스키피오 | 대리인 | 이대로 변호사 |

청구 내용

역사는 승자의 기록이라는 말이 있듯이 포에니 전쟁 역시, 승자인 로마의 역사가들에 의해 기록되었습니다. 특히 리비우스와 아피아누스 같은 로마의 역사가들은 전쟁 발발의 책임을 나, 한니발에게 돌리며, 나를 로마와의 조약을 깨뜨린 침략자로 규정하고 있습니다.

그러나 그것은 사실이 아닙니다. 전쟁을 일으킨 것은 오히려 로마이며, 카르타고는 어쩔 수 없이 로마와 전쟁 상태에 돌입하게 되었습니다. 나는 이에 대한 역사적 진실을 본 법정에서 사실대로 밝힐 것이며, 고대 지중해 세계의 평화와 번영을 가져왔던 카르타고의 찬란한 문화유산이 얼마나 위대했는지 보여 드릴 것입니다. 그럼으로써 카르타고를 전쟁에 끌어들여 멸망시킨 후 지중해 세계를 지배하고자 했던 로마의 잔인함을 만천하에 알리고자 합니다.

또한 로마의 스키피오 장군은 오만하게도 자신이 나보다 위대한 장군이라고 주장해서 나의 명예를 심각하게 떨어뜨렸기에, 나는 스키피오를 명예훼손 혐의로 고소하는 바입니다. 이번 재판으로 인하여, 로마인들에 의해 왜곡되어 있는 포에니 전쟁의 역사적 진실이 밝혀지고, 실추된 나의 명예가 회복되기를 바랍니다.

입증 자료

- 중학교 역사 교과서
- 고등학교 세계사 교과서
  그 외 자료 추후 제출하겠음.

위 청구인 한니발
역사공화국 세계사법정 귀중

제1차 포에니 전쟁

1. 포에니 전쟁은 어떻게 시작되었을까?
2. 로마는 왜 메시나에 지원군을 보냈을까?
3. 로마의 승리―코르부스 대활약

1

포에니 전쟁은
어떻게 시작되었을까?

이곳은 역사공화국 세계사법정.

카르타고의 한니발 장군이 로마의 스키피오 장군을 상대로 재판을 벌인다는 소문이 퍼지자 수많은 사람들과 취재 기자들이 법정 앞으로 몰려들었다. 말로만 듣던 한니발 장군을 직접 볼 수 있는 흔치 않은 기회라 더욱 관심을 끌었던 것이다.

"한니발은 로마와 끈질기게 싸웠던 장군 아니야?"

"그렇지! 열심히 버텼지만 로마에 아깝게 졌다고 하더군."

"그러게 말이야. 얼마나 아쉬웠겠어?"

"그러니 이렇게 재판을 벌이는 거겠지."

사람들은 한마디씩 주고받으며 자리에 앉았다. 모두들 잔뜩 긴장한 가운데 이번 재판을 기다리고 있었다. 잠시 후 정역사 판사가 들

왜 한니발 장군은 알프스 산맥을 넘었을까?

어왔고 드디어 재판이 시작되었다.

포에니 전쟁
포에니(Poeni)라는 말은 '페니키아인의'라는 뜻으로, 카르타고가 페니키아에 기원을 두고 있기 때문에 로마인들이 그렇게 부른 것입니다.

판사   모두 자리에 앉기 바랍니다. 지금부터 '한니발 대 스키피오' 사건에 대한 1차 재판을 시작하겠습니다. 먼저 원고 측 변호인으로부터 재판 청구에 대한 이유를 들어 보도록 하겠습니다. 김딴지 변호사, 시작하시지요.

김딴지 변호사   존경하는 재판장님, 그리고 배심원 여러분! 원고 한니발과 피고 스키피오는 지금으로부터 약 2천 2백 년 전에 전쟁을 치른 사이입니다. 이미 '소장'에서 밝힌 바와 같이, 원고 한니발은 승자의 관점으로 역사가 기록되어 전해지는 것이 옳지 못하다고 생각하여 이번 재판을 신청하였습니다. 이 기회를 통해 지금까지 알려진 역사적 사실 중에 잘못된 것은 없는지 다시 한번 살펴보고, 포에니 전쟁의 진실이 밝혀지기를 바라는 마음에서 스키피오를 고소한 것이지요.

역사는 승자에 의해 기록되기 때문에, 역사의 패자는 언제나 죄인으로 매도되며 모든 비난을 뒤집어쓰게 마련입니다. 원고 한니발의 경우도 예외가 아니었지요. 본 변호인은 배심원 여러분이 현명한 판단을 내려 원고 한니발의 실추된 명예가 다시 회복되기를 바랍니다.

판사   네, 원고 측 변호인의 재판 청구 이유를 잘 들어 보았습니다. 원고 측 변호인, 계속해서 진행해 주시죠.

김딴지 변호사   여러분도 잘 아시다시피 카르타고와 로마 간에 벌어진 ▶포에니 전쟁은 3차에 걸쳐 약 120년 동안

교과서에는

▶ 기원전 264년부터 146년까지 로마는 카르타고와 세 차례에 걸친 포에니 전쟁에서 승리를 거두어 지중해의 해상권을 장악했습니다.

팔레스타인
지중해 동쪽 해안의 이스라엘, 이집트, 요르단으로 둘러싸인 지역을 말합니다.

페니키아인
페니키아인은 고대 가나안의 북에 근거지를 두고 고대 문명을 이룩했으며, 최초로 알파벳을 사용했습니다. 페니키아 문명은 기원전 1200년경에서 기원전 900년경까지 지중해에서 해상 무역 문화를 꽃피웠습니다.

계속되었습니다. 물론 전쟁을 멈추었던 기간도 있기 때문에 실제 양국 간의 전쟁 기간은 41년 정도가 됩니다. 대체 무엇 때문에 이렇게 치열한 전쟁을 치렀던 것일까요? 우리는 이렇게 긴 전쟁이 왜 발생했는지 그 원인을 따져봐야 할 것입니다.

그리하여 저는 본 재판의 핵심 주제가 될 포에니 전쟁을 논하기에 앞서 당시 두 나라의 상황에 대해 들어 보고자 합니다. 재판장님, 참고인 자격으로 역사학자 나역사 선생님을 모시고 싶습니다. 허락해 주시기 바랍니다.

판사 좋습니다. 참고인은 자리해 주시지요.

참고인 나역사가 법정에 들어섰다.

김딴지 변호사 나역사 선생님, 카르타고는 어떤 나라였습니까?

나역사 카르타고는 기원전 814년경에 건국된 것으로 추정됩니다. ▶팔레스타인 북부 지역에 살던 **페니키아인**은 오랜 옛날부터 발달된 항해술을 이용하여 멀리 지중해까지 교역을 넓혀 가다가 북아프리카에 도착하게 되었지요. 카르타고는 바로 페니키아인이 북아프리카에 세운 식민 도시였습니다. 카르타고의 원래 이름은 페니키아어로 '콰르크하다쉬트'였으며, '새로운 도시'라는 뜻이었습니다. 그리스인은 '칼케돈'이라고 불렀지요.

교과서에는

▶ 기원전 10세기경 레바논 산맥 서쪽에 도시 국가를 건설했던 페니키아 사람들은 위대한 항해자이자 교역자들이었습니다.

기원전 3세기경 카르타고는 지중해 세계의 초강대국이 되었습니다. 지금의 튀니지 북쪽 해안의 카르트하다쉬트를 본거지로 해서 북아프리카 지중해 연안까지 지배했지요.

김딴지 변호사   과연 '카르타고의 허락 없이는 바닷물에 손도 담글 수 없다'는 말이 있었다는 게 사실이군요. 그런데 카르타고는 어떻게 그렇게 힘을 키울 수 있었죠?

나역사   그건 당시 카르타고가 지중해 서쪽을 완전히 장악하고 있

었기 때문이지요. 카르타고는 로마와의 포에니 전쟁이 일어나기 전까지만 해도 해상무역으로 번영하여 막대한 부를 축적하고 있었습니다. 특히 상업 귀족의 세력이 강했습니다.

김딴지 변호사　내륙 지역은 어떠했나요?

나역사　농업도 발달했습니다. 밀이 많이 생산되어 무역을 따로 하지 않아도 자급자족이 가능한 정도였습니다. 유럽 중서부에 수출까지 할 정도였죠.

김딴지 변호사　아, 그렇군요. 그럼 군사적 측면은 어땠나요? 군사 제도가 로마와는 달랐다고 들었는데요.

나역사　그렇습니다. 카르타고는 로마와 달리 용병제도를 도입했습니다. 쉽게 말해 봉급을 주며 전쟁에서 싸울 군인을 모은 것입니다. 2차 포에니 전쟁 때 한니발은 이러한 용병 부대를 지휘하여 로마를 공포에 떨게 했어요.

김딴지 변호사　그런데 로마와는 어떻게 충돌하게 된 것이지요?

나역사　카르타고는 이런 막강한 힘을 믿고, 지중해 서쪽뿐만 아니라 동쪽까지 세력을 넓히려고 했습니다. 이를 위한 발판으로 지중해의 한가운데에 있는 시칠리아를 완전히 장악하려고 했지요. 그때는 섬의 서쪽 절반만 지배하고 있었거든요.

김딴지 변호사　지중해 동쪽으로 진출하기 위해서는 시칠리아 전체를 손에 넣는 것이 중요했겠군요.

나역사　맞습니다. 카르타고는 시칠리아 전체를 얻기 위해, 시시때

때로 기회를 노리고 있었지요. 그런데 쉽지만은 않았습니다. 그리스 국가 중 하나인 에피루스의 왕 피로스가 카르타고를 막고 있었고, 그다음에는 또 로마가 버티고 있었기 때문입니다.

유피테르
로마신화의 최고의 신입니다. 영어로는 '주피터'라고 읽습니다.

로마에 대한 이야기가 나오자 이대로 변호사는 기다렸다는 듯 끼어들었다.

이대로 변호사　지금 너무 카르타고에 대한 이야기만 하고 있는 것 아닙니까? 나역사 선생님, 로마 이야기가 나온 만큼 로마에 대해서도 말씀해 주시죠.

나역사　네, 그러죠. 로마는 기원전 753년 로물루스와 레무스에 의해 건국되었습니다. 로마는 티베르 강 남쪽 라티움 지방의 일곱 개 언덕을 중심으로 만들어졌죠. 이 지방의 주민은 유피테르를 신으로 숭배하던 농민들이었습니다. ▶로마는 그 후 2백 년 동안 에트루리아 왕들에게 지배를 당하다가, 기원전 509년 에트루리아 왕을 몰아내고 공화정을 세웠습니다. 이후 기원전 3세기경에는 마침내 이탈리아 반도를 통일했지요.

이대로 변호사　그렇다면 당시 지중해를 둘러싼 세력 다툼이 치열했겠군요.

나역사　그렇습니다. 당시 지중해 동쪽은 에피루스의 피로스 왕이 장악하고 있었어요. 그는 지중해 서쪽을 노리고

교과서에는

▶ 에트루리아 왕의 지배를 받던 로마인들은 기원전 6세기 말 왕을 폐위시키고 귀족 중심의 공화정을 시작했습니다.

있었지요. 그래서 로마를 공격했지만 함락시키지 못했고, 그다음 원정에서 다시 로마와 겨루었으나 패배하였습니다. 결국 그는 꿈을 이루지 못하고 그리스로 돌아간 뒤 죽었어요.

피로스 왕이 사라지자 지중해의 패권을 노리는 카르타고를 막을 세력은 로마뿐이었습니다. 그러나 당시 로마의 국력은 카르타고에 비하면 약했고, 특히 바다에서의 전투는 카르타고에 명함도 못 내밀 정도였지요.

앞서 말씀드렸듯이, 당시 카르타고는 시칠리아 서쪽을 손에 쥐고 있었습니다. 그리고 곧 동쪽으로도 손을 뻗어 나갔지요. 로마와 동맹을 맺고 있던 시칠리아 동쪽의 도시들이 카르타고에 의해 침략당했을 당시, 로마 **원로원**은 '과연 우리가 바다를 건너 카르타고와 싸워 이길 수 있을까?'하고 지원군을 보내는 것을 무척 망설였다고 합니다. 하지만 로마 역시 지중해의 패권을 노리고 있었던 참이라 오래 망설이고 있을 수만은 없었지요. 언젠가는 카르타고와 운명의 한판 승부를 벌여야만 했어요. 고심 끝에 결국 로마의 지원군이 시칠리아로 출발했고, 이로써 카르타고와 로마 사이에 포에니 전쟁이 시작된 것이지요.

판사 　네, 나역사 선생님 진술해 주셔서 감사합니다. 들어가셔도 좋습니다.

"카르타고는 한때 바다를 평정한 나라였군."

"그러게 말이야, 바다를 사이에 두고 펼쳐지는 카르타고와 로마의 승부라, 기대되는걸?"

참고인 나역사의 설명이 끝나자 카르타고와 로마에 대해 새로운 사실을 알게 된 방청객들이 한마디씩 주고받았다.

로마는 왜 메시나에
지원군을 보냈을까?

판사   포에니 전쟁이 시작되었을 때만 해도, 양측은 이 전쟁이 국가의 운명을 건 전면전이 될 것이라고는 짐작하지 않았다면서요? 각 변호인은 이 점에 대해서 말씀해 주시죠.

김딴지 변호사   네, 제가 먼저 말씀드리죠. 포에니 전쟁은 기원전 264년에서 기원전 146년 사이에 카르타고와 로마가 벌인 세 차례의 전쟁을 말합니다. 포에니 전쟁은 로마가 카르타고의 지배 아래 있던 시칠리아를 빼앗으려고 했기 때문에 일어났습니다. 당시 로마가 이탈리아 반도를 통일하고 난 뒤 새로운 강대국으로 떠오르면서 영토를 넓히는 데 열을 올렸기 때문이지요.

이대로 변호사   이의 있습니다, 재판장님! 원고 측 변호인은 지금 포에니 전쟁의 원인이 로마에 있다는 식으로 몰아가고 있습니다! 하지만 당시 지중해의 패권을 잡고 있던 카르타고의 막강한 해군력에 비해 로마는 해군을 보유하지도 못한 상황이었습니다. 로마가 카르타고와 전쟁을 한다면 결국 바다에서 싸울 수밖에 없는데, 어떻게 로마가 시칠리아를 빼앗으려는 계획을 세울 수 있었겠습니까?

판사   그렇다면 전쟁의 원인을 제공한 것은 로마가 아니라는 말씀인가요?

이대로 변호사   네, 그렇습니다. 왜냐하면, 기원전 348년에 로마는 카르타고와 한 가지 조약을 맺었기 때문입니다. 그것은 로마가 지중해 서쪽 지역에서 무역을 하지 않기로 한 것이었습니다. 그것은 로마에 너무나 불평등한 조약이었지요. 카르타고의 허락 없이는 바다에서 손도 씻을 수 없었으니까요. 포에니 전쟁은 이러한 카르타고가 시칠리아 전체를 차지하고 지중해 동쪽으로 진출하기 위해 일으킨 전쟁이었습니다. 로마는 단지 이를 방어하기 위해 전쟁에 참여한 것뿐입니다!

판사   두 변호인 모두 전쟁이 일어난 책임이 상대방에게 있다고 하는군요. 알겠습니다. 그럼 당시 어떤 사건이 벌어져 전쟁으로 확대된 것입니까?

김딴지 변호사   당시 시칠리아의 동쪽 지역에서는 그리스의 도시 국가 메시나와 시라쿠사가 서로 분쟁 중이었습니다. 메시나는 시라쿠사에 비해 군사력이 약했기 때문에 로마에 구원을 요청했습니다. 로마는 이를 핑계로 하여 시칠리아 동쪽으로 진격했던 거고요. 로마

말고 카르타고에 구원을 요청했으면 더 좋았을 텐데……. 쩝!

이대로 변호사   이보세요. 그건 김딴지 변호사의 어처구니없는 희망 사항일 뿐입니다. 메시나의 입장에서 카르타고는 시라쿠사보다 더 무서운 존재였어요. 그랬기 때문에 로마에 구원을 요청했던 것입니다.

한편 로마는 매우 난감했습니다. 왜냐하면 당시 메시나는 로마의 동맹국이 아니었으니까요. 하지만 거절한다면, 메시나가 카르타고에 구원을 요청할 것이 뻔했지요. 그렇게 되면 로마와 카르타고의 완충지대 역할을 하고 있던 메시나와 시라쿠사가 카르타고의 손아귀에 넘어가게 되니까 로마에 큰 위협이 될 수 있었습니다.

판사   듣고 보니 정말 그랬겠군요. 그래서 로마는 어떤 결정을 내렸습니까?

이대로 변호사   결국 로마는 메시나의 요청을 받아들여 지원군을 보냈습니다. 그로 인해 카르타고와의 포에니 전쟁이 일어나게 된 것이지요. 하지만 그때까지만 해도 이 전쟁이 크게 확대되리라고는 아무도 예측하지 못했습니다.

판사   그것은 왜지요?

이대로 변호사   당시 로마의 목적은 메시나를 카르타고에 빼앗기지 않으려는 것뿐이었으니까요. 그래서 로마가 이끌고 간 병력은 고작 2개 군단에 불과했지요. 이것은 로마가 카르타고와의 전면전을 예상하고 있지 않았다는 사실을 말해주는 것입니다.

3

로마의 승리
―코르부스 대활약

판사   로마 군대가 결국 시칠리아에 도착했다는 것이군요. 그러면 지중해의 패권을 노리던 카르타고가 가만 있었나요? 시칠리아는 지중해 한복판에 있어서 위치상 매우 중요한 곳인데, 그 섬이 로마의 차지가 되는 걸 카르타고가 가만히 앉아서 보고만 있지는 않았을 것 같네요.

김딴지 변호사   네, 바로 보셨습니다. 당시 로마 군대를 이끌던 <u>집정관</u> 클라우디우스는 메시나와 동맹을 맺었습니다. 그래야 로마가 시칠리아의 분쟁에 끼어든 정당한 명분을 가지게 되니까요. 이에 시라쿠사는 위협을 느끼고 카르타고와 동맹을 맺었습니다. 카르타고와 시라쿠사는 동맹을 맺자마자 메시나를 향해 진격했지요.

그러나 로마와 메시나 동맹군은 적은 숫자에도 불구하고 시라쿠사 군대를 물리친 데 이어 카르타고 군대를 공격하기 시작했어요.

판사   그렇다면 카르타고가 굉장히 위험해졌겠군요.

김딴지 변호사   그렇습니다. 로마가 군대 규모를 더 늘리자, 시라쿠사는 아예 카르타고와의 동맹을 깨뜨리고 로마 편에 서기 위해 로마 측으로 강화 사절단을 파견했습니다. 한마디로 이리 붙었다, 저리 붙었다 한 것이지요. 하지만 로마로서는 거부할 이유가 없었기 때문에 결국 시라쿠사와 동맹을 맺었습니다.

이대로 변호사   이의 있습니다, 재판장님! 시라쿠사의 왕 히에론이 로마와 동맹을 체결한 것은 그가 기회주의자였기 때문이 아니라 현실을 정확하게 읽을 줄 아는 똑똑한 통치자였기 때문입니다. 히에론은 시라쿠사의 안전을 최우선으로 생각한 것입니다.

판사   이의 신청을 받아들입니다. 원고 측 변호인은 인신공격성 발언은 삼가 주시기 바랍니다. 그런데 로마는 메시나와 시라쿠사를 동맹국으로 만들면서 카르타고보다 힘이 더 커진 셈인데, 그쯤에서 전쟁을 끝내도 되지 않았을까요?

이대로 변호사   물론 로마는 전쟁을 끝내려 했으나, 카르타고가 그러한 상황을 받아들이지 않은 것입니다. 카르타고는 시칠리아에 대한 욕심을 버리지 못하고, 4만 명의 병력을 시칠리아 남쪽에 상륙시킨 후 로마에 전면전을 선포했습니다.

판사   음……. 이렇게 전면전이 시작된 거였군요. 그렇다면 당시

집정관
집정관이란 고대 로마에서 최고로 높았던 관직을 말합니다. 보통 2명이 1년 동안 돌아가며 나랏일을 보았지요. 콘술(Consul)이라고도 한답니다.

강화 사절단
강화(講和)는 싸움을 그치고 평화롭게 지내는 것을 말합니다. 강화 사절단은 강화를 제의하러 가는 사람들입니다.

로마로서는 바다에서의 전투력을 높이는 것이 아주 중요했겠네요.

이대로 변호사   그렇습니다. 로마가 전쟁에서 승리를 거두기 위해서는 강력한 해군이 꼭 필요했습니다. 당시 카르타고 해군이 5단층 갤리선을 가지고 있었던 반면, 로마 해군에는 3단층 갤리선밖에 없었습니다. 5단층 갤리선은 3단층 갤리선에 비해 높고 빨랐으니, 바다에서의 전쟁은 로마가 카르타고 해군의 상대가 되지 못했죠. 카르타고는 5단층 갤리신을 120척이나 보유하고 있던 지중해 최강의 해군 국가였습니다.

판사   카르타고 해군의 힘이 로마보다 훨씬 뛰어났다는 말씀이군요. 로마는 이러한 상황을 뒤집기 위해 애썼을 것 같네요.

이대로 변호사   그렇습니다. 로마는 어떻게든 5단층 갤리선을 만들어야 했어요. 그래서 카르타고의 5단층 갤리선 한 척을 빼앗아 그 배를 모방하여 군함을 만들었습니다. 그리하여 믿을 수 없을 만큼 빠른 시일 내에 5단층 갤리선 1백 척을 만들어 냈습니다. 여기에 로마 연합도시들이 제공한 3단층 갤리선 2백 척이 더해져서 로마 역사상 최초의 해군이 탄생하게 되었죠.

김딴지 변호사   하하하! 정말 재미있군요. 로마가 아무리 빨리 해군을 만들어 내었다고 해도 카르타고와 같은 해상 강국은 하루아침에 되는 것이 아닙니다.

이대로 변호사   나, 참! 지금 비웃는 겁니까? 말을 끝까지 들어 보시지요. 그래서 로마는 '코르부스'라는 새로운 무기를 만들어 내었답니다.

왜 한니발 장군은 알프스 산맥을 넘었을까?

판사   코르부스가 대체 무슨 뜻이죠?

이대로 변호사   라틴어로 까마귀라는 뜻입니다.

판사   까마귀라고요?

백병전
칼이나 창 같은 근거리 무기를 가지고, 적과 직접 몸으로 맞붙어 싸우는 전투를 말합니다.

이대로 변호사   네. 당시 로마 해군의 지휘를 맡았던 집정관 두일리우스는 로마의 힘으로 카르타고 해군을 이길 수 없다고 생각했습니다. 그래서 이를 극복할 새로운 무기를 만들어 내었죠. 코르부스는 배와 배를 연결하는 일종의 다리라고 보시면 되는데요. 평상시에는 돛대에 고정시켜 놓았다가 전투가 벌어지면 적의 갑판 위에 떨어뜨려 고정시키는 것이지요. 코르부스의 끝에는 날카로운 철제 갈고리가 달려 있어서 갑판을 뚫고 들어가 깊이 박히게 됩니다. 마치 까마귀가 부리로 모이를 쪼듯이 말이죠. 두일리우스는 코르부스를 이용하여 해상 전투를 육상 전투처럼 바꾸려 했던 것입니다. 당시 로마는 육지에서의 전투에 더 강했으니까요.

판사   음, 까마귀……. 정말 기발한 생각이로군요. 그럼 실제 카르타고와의 전투에서 그 새로운 무기가 위력을 발휘했습니까?

이대로 변호사   네, 물론입니다. 로마와 카르타고의 본격적인 해상 전투는 기원전 260년 밀라초 앞바다에서 벌어졌습니다. 카르타고 해군은 처음에 로마 함대의 돛대에 붙어 있는 코르부스를 보자 로마군을 비웃었습니다. 하지만 본격적인 전투가 벌어지자 더이상 웃을 수가 없었죠. 코르부스가 카르타고 배의 갑판 위에 떨어지자, 로마 병사들이 물밀듯이 카르타고의 배로 쏟아져 들어갔거든요. 배 위에서는 치열한 **백병전**이 벌어졌는데, 카르타고의 용병들은 로마의 중

무장한 병사들을 당해 내지 못했죠. 그 결과 로마는 카르타고 함선 15척을 침몰시키고 30척을 빼앗았습니다. 또 카르타고 군사 3천 명이 죽고, 7천 명이 포로로 잡혔지요. 이로써 카르타고는 시칠리아에 파견한 함대의 3분의 1을 잃고 말았습니다. 로마를 얕보다가 뜨거운 맛을 본 것이죠.

판사   코르부스라는 신무기 덕분에 로마가 해상 전투에서 승리할 수 있었군요. 그렇다고 해도 이 승리가 곧바로 전쟁의 승리로 이어지지는 않았을 것으로 생각되는데요.

이대로 변호사   그렇기는 합니다만, 막강한 카르타고 함대를 격파한 사실은 로마 군대의 사기를 북돋워 주었지요. 카르타고 군대는 계속해서 시칠리아의 서쪽으로 밀려날 수밖에 없었습니다. 로마는 두 번째 해상 전투에서도 승리를 거두며, 더 이상 카르타고 해군을 두려워하지 않게 되었습니다. 이후 로마는 카르타고의 본국을 공격하려는 계획을 세우고, 북아프리카의 클리페아 해변에 상륙했습니다. 로마군은 파죽지세로 카르타고 군대를 무찔렀고, 2만 명이 넘는 포로를 사로잡았지요.

판사   카르타고 입장에서는 발등에 불이 떨어진 것이군요. 카르타고는 어떻게 대처했나요?

김딴지 변호사   로마 군대가 아프리카 대륙으로 직접 쳐들어오자, 다급해진 카르타고는 스파르타 출신 용병 대장 크산티포스를 고용했습니다. 그는 이집트와 시리아에서 수많은 전투를 승리로 이끌었던 인물이었지요. 존경하는 재판장님! 보다 자세하게 당시의 모습을 살펴보기 위해 용병 대장 크산티포스를 증인으로 신청합니다.

판사   원고 측의 증인 신청을 받아들입니다. 증인 크산티포스는 증인 선서를 한 후 증인석에 앉아 주시기 바랍니다.

이윽고 황금빛 투구와 빛나는 갑옷을 입은 크산티포스가 나와 선서를 마친 후 철거덕거리는 갑옷 소리를 내며 증인석에 앉았다.

김딴지 변호사   증인은 카르타고의 용병 대장으로 고용되어 로마와의 싸움을 지휘했습니다. 그런데 카르타고는 왜 로마한테 계속 졌던 거죠?

크산티포스   난 카르타고를 위해 목숨을 걸고 싸울 준비가 되어 있었습니다. 하지만 막상 내가 카르타고 군대를 살펴보니, 카르타고가 로마에 계속 패배하는 것은 지휘관들 때문이 아닌가 싶더군요. 내 눈에는 당시 지휘관들이 형편없어 보였거든요.

김딴지 변호사   그렇다면 증인은 어떻게 그 문제를 해결했습니까? 카르타고 군대의 사기가 많이 떨어져 있었을 텐데요.

크산티포스   그래서 나는 카르타고 정부에 말했습니다. 내게 카르타고 군대의 총지휘권을 준다면, 로마를 무찔러 보이겠다고 말입니다. 만약 총지휘권을 주지 않는다면 그냥 고향으로 돌아갈 생각이었습니다. 그런데 나의 요구가 받아들여진 것이죠.

김딴지 변호사   그랬군요. 그럼 증인은 로마와의 전쟁에서 승리하기 위해 어떤 조치를 취했습니까?

크산티포스　　곧바로 카르타고 군대를 재정비했습니다. 코끼리 부대를 양성하고, 누미디아의 날래고 용맹한 기병을 고용했습니다. 그리고 이들을 활용해 전투에서 승리할 수 있는 다양한 전술을 개발했지요. 기원전 255년 나는 잘 훈련된 카르타고 군대를 이끌고 가서 북아프리카에 군대를 풀어놓고 있던 로마의 집정관 레굴루스에게 싸움을 걸었습니다.

누미디아
당시 아프리카 북부에 있던 고대 지역 이름입니다. 현재 알제리 북쪽에 있지요.

김딴지 변호사　　듣고 보니, 증인은 철저하게 로마와의 전쟁을 준비했군요. 그래서 로마의 집정관 레굴루스는 증인의 도전을 받아들였습니까?

크산티포스　　사실 나는 레굴루스가 로마에서 증원군이 올 때까지 전투를 피할 것이라 생각했어요. 하지만 그는 후임 집정관이 도착하기 전에 혼자만의 힘으로 공을 세우고 싶어 했습니다. 어리석었던 거예요. 우리 카르타고에겐 그것이 다행스러운 일이 되었지만요.

　　기원전 255년에 나는 군사 1만 6천 명과 코끼리 1백 마리를 이끌고 전투에 나섰습니다. 레굴루스는 1만 5백 명의 군사로 맞섰지요. 나는 이 전투에서 로마군을 크게 무찌르고, 레굴루스를 포로로 붙잡았습니다. 대승을 거둔 것이지요.

김딴지 변호사　　그렇다면 로마의 후임 집정관들도 그 사실을 알았을 텐데, 그들의 반응은 어땠습니까?

크산티포스　　흠……. 그게 나로선 좀 가슴 쓰린 기억이네요. 그들은 곧 함대를 이끌고 왔습니다. 그러자 카르타고도 해군을 출동시켰지요. 이로써 로마와는 네 번째 해전이 벌어졌는데, 카르타고가 함선

114척을 잃고 로마에 패배했습니다.

김딴지 변호사 　기록에 의하면, 이때 로마 해군도 태풍을 만나 상당한 피해를 입었다고 하는데요.

크산티포스 　네, 그렇습니다. 해전에서 승리하고 북아프리카에 도착한 로마 군대는 클리페아 항구에 남아 있던 병사들을 배에 태우고 다시 시칠리아로 돌아갔습니다. 그런데 로마 해군이 시칠리아 남

　왜 한니발 장군은 알프스 산맥을 넘었을까?

쪽 해안에 도착할 무렵 무시무시한 태풍이 몰아치기 시작했어요. 태풍이 심할 때는 해안가 암초나 암벽을 조심해야 하는데, 로마의 장군들은 바다에서 전투를 해 본 경험이 부족하여 함대를 해안 가까이 접근시켰습니다. 결국 대부분의 함선이 암초에 부딪히거나 배들끼리 충돌해서 침몰했지요. 이 태풍으로 로마는 150척의 배와 무려 6만 명의 병력을 잃었습니다. 로마가 해전에서는 승리했지만 태풍 때문에 엄청난 피해를 입은 것입니다. 자연이 준 승리였지요.

김딴지 변호사   그럼 카르타고로서는 로마와 싸우지 않고 승리한 것과 마찬가지였겠군요?

크산티포스   맞습니다. 카르타고는 유리한 조건으로 전쟁을 끝낼 수 있는 좋은 기회라고 생각하고 포로로 잡고 있던 레굴루스를 강화 사절로 로마에 보냈습니다. 그런데 레굴루스는 우리 말을 전하기는커녕, 오히려 로마 원로원 의원들에게 카르타고와 강화를 맺지 말라고 했습니다. 그는 카르타고와 강화를 맺게 된다면 로마가 지금까지 들인 노력과 희생이 모두 물거품이 되고 만다고 했습니다. 결국 로마 원로원은 강화를 거절했고, 다시 카르타고로 돌아온 레굴루스는 처형당했습니다. 레굴루스가 만약 강화를 체결해야 한다고 로마 원로원을 설득했다면 살 수 있었을 텐데, 그는 로마인으로서의 명예를 지키기 위해 결국 죽음을 택한 것입니다. 비록 적장이었지만 그런 점은 카르타고 사람들도 본받을 만하다고 생각합니다.

김딴지 변호사   그렇군요. 그러면 이제 전쟁터가 다시 북아프리카에서 시칠리아로 바뀌게 되었는데, 그럼 증인도 당연히 군대를 이끌고 시칠리아로 가서 로마와 싸웠겠군요?

크산티포스   그렇지 않습니다. 카르타고의 정치가들은 더는 내가 필요 없다고 판단했는지 나를 해고했어요. 이후 카르타고는 코끼리 부대까지 이끌고 시칠리아로 가서 로마와 싸웠지만 계속 로마에 밀리기만 했습니다. 내가 없는데 당연한 거 아닌가요? 흥. 아무튼 기원전 253년 시칠리아의 거점 도시 팔레르모가 로마에 함락되면서 전세는 로마에 유리하게 전개되었지요.

김딴지 변호사   증인이 계속 카르타고 군대를 지휘했다면 카르타고가 승리할 수도 있었겠군요. 지금까지 증언해 주셔서 감사합니다. 재판장님, 이상으로 증인 신문을 마치겠습니다.

판사   네, 수고하셨습니다.

크산티포스가 증언을 마치고 자리로 돌아갔다.

김딴지 변호사   존경하는 재판장님! 이후에 발생한 시칠리아에서의 공방전을 살펴보기 위해, 원고 한니발 장군의 아버지인 하밀카르를 원고 측 증인으로 신청합니다.

판사   네, 원고 측 증인 신청을 받아들입니다.

판사가 승인하자 하밀카르는 장군다운 카리스마를 풍기며 좌우에 두 명의 참모를 대동한 채 법정 앞으로 걸어 나왔다.

"아버지……."

원고석에 앉아 있던 한니발이 일어나 눈시울을 붉히며 아버지를 바라보았다. 하밀카르는 입가에 엷은 미소를 띠우며, 괜찮다는 듯 아들 한니발을 다독였다. 하밀카르가 증인 선서를 끝내자, 이윽고 김딴지 변호사의 신문이 시작되었다.

김딴지 변호사　　먼저 증인으로 출석해 주셔서 감사합니다. 증인은 기원전 247년에 시칠리아로 파견되었지요? 시칠리아에 파견된 이후 증인은 로마를 이기기 위해 어떤 계획을 세우셨나요?

하밀카르　　음, 로마를 이기기 위한 계획이라……. 나의 목적은 시칠리아의 상황을 카르타고에 유리하게 몰아가면서 로마와 강화 조약을 체결하는 것이었소. 내가 시칠리아에 부임하면서 지휘할 수 있었던 병력은 2개 군단 정도에 불과했지. 사실 이런 정도의 병력으로 로마와 싸워 승리한다는 것은 불가능한 일이었기에, 유리한 조건에서 로마와 강화 조약을 체결하고 전쟁을 끝내는 것이 당시에는 최선책이었소.

김딴지 변호사　　로마로서는 증인의 군대가 힘을 못 쓰도록 뭔가 해야 했을 텐데요?

하밀카르　　음, 변호사 양반도 군사 작전에 대해 뭘 좀 아시는구먼. 로마는 카르타고의 보급로를 차단하려는 계획을 세웠소. 만약 로마군에 의해 보급로가 끊긴다면 나와 시칠리아에 주둔하고 있는 카르타고 군대는 무기와 식량이 떨어져 완전히 고립무원의 상태가 되니 로마로서는 훌륭한 전략이라 할 수 있소.

김딴지 변호사　아무리 그래도, 카르타고의 보급로를 끊으려는 로마의 작전이 성공하려면 카르타고 해군을 능가하는 해상 전력을 보유해야 하는데요. 그것이 쉬운 일은 아니었을 듯합니다.

하밀카르　그렇소. 로마가 작전을 수행하기 위해서는 2백 척 정도의 5단층 갤리선이 필요했소. 그런데 당시 로마의 국고는 텅 비어 있어 배를 만들 수 있는 상황이 아니었소. 로마 원로원은 결국 **국채**를 발행하여 돈을 마련했소. 국채를 구입한 사람들은 원로원 의원과 정무관들, 그리고 로마의 고위층이었지. 로마의 집정관 카툴루스는 이러한 과정을 통해 어렵게 만든 함대를 이끌고 시칠리아에 도착하여 마르살라 항구를 점령하였소.

김딴지 변호사　그렇다면 카르타고 역시 로마에 대응하기 위한 방법을 찾았을 텐데요?

하밀카르　카르타고에서도 사태의 심각성을 알아채고 대규모 함대를 조직하여 보급 물자와 무기를 가득 싣고 시칠리아로 보냈소. 하지만 해상 전투에서 로마 해군에 패하여 50척을 잃고 70척은 빼앗겼소.

김딴지 변호사　그렇다면 증인은 보급을 받지 못하게 되었군요.

하밀카르　그렇소. 결국 나의 계획은 차질을 빚게 되었지. 카르타고에서는 하루빨리 로마와 강화조약을 맺으라는 명령을 내렸소. 나는 로마와 화해하려는 카르타고에 무척 실망했지만, 명령은 명령이니 로마의 집정관 카툴루스와 강화 조건에 대하여 협의를 할 수밖에 없었소.

김딴지 변호사　　당시 상황으로는 로마와 카르타고 어느 쪽이 일방적으로 유리한 상황은 아니었는데, 강화 내용은 어떻게 정리되었습니까?

하밀카르　　강화 내용은 내 입장에서는 굴욕적이었소. 내용은 다음과 같소.

'첫째, 로마는 카르타고의 독립과 자치를 보장한다. 둘째, 카르타고는 당장 시칠리아에서 떠나고, 시칠리아를 비롯한 주변의 섬들을 로마의 영토로 인정한다. 셋째, 포로는 양국이 몸값에 대한 요구 없이 석방한다. 넷째, 카르타고는 로마에 3천 2백 탈렌트를 전쟁 배상금으로 지불한다'

이는 카르타고가 4백 년 동안 시칠리아에서 이루어 놓은 모든 걸 포기하라는 것이었기에, 나로서는 받아들이기 힘들었다오. 하지만 카르타고 정부는 대체로 만족하는 분위기였소. 이렇게 해서 1차 포에니 전쟁은 끝나게 되었소.

이대로 변호사　　이의 있습니다, 재판장님! 정말 듣자 듣자 하니 분통이 터져서 참을 수가 없군요. 위와 같은 강화 조건은 로마의 입장에서도 받아들이기가 어려웠습니다. 기원전 264년부터 기원전 241년까지 23년 동안이나 계속된 전쟁에서 로마가 치러야 했던 인적, 물적 손해는 카르타고에 비할 바가 아니었습니다. 그럼에도 불구하고 원고 측 증인의 증언만 들으면 카르타고에 매우 불리한 강화 조건이라고 배심원들이 이해하실 텐데, 로마 역시 강화조건에 불만

탈렌트
당시 지중해 주변 국가에서 사용한 화폐입니다.

이 많았다는 사실을 알려 드리고 싶습니다. 로마는 카르타고가 받아들일 수 있는 조건으로 강화를 체결하려 했고, 거기에는 카르타고에 대한 로마의 배려가 포함되어 있었습니다.

하밀카르 뭐라고? 배려? 말도 안 되는 소리 하지 마시오! 내게 병력이 조금만 더 주어졌다면 시칠리아의 로마 군대를 싹 쓸어버렸을 것이오! 그러므로 로마가 운이 좋았다는 것을 잊지 마시오.

이대로 변호사 아니, 로마가 운이 좋았다니? 당치도 않습니다. 운

왜 한니발 장군은 알프스 산맥을 넘었을까?

이 좋았던 사람은 바로 증인입니다.

판사   자, 모두 진정하세요. 본 법정은 감정싸움을 하는 곳이 아닙니다. 김딴지 변호사, 더 신문할 것이 있습니까?

김딴지 변호사   아닙니다, 재판장님! 이상으로 증인 신문을 마치겠습니다.

판사   그럼, 피고 측 변호인 반대 신문 있습니까?

이대로 변호사   네, 물론입니다.

하밀카르   이보시오, 재판장! 피고 측 변호인이 어떤 질문을 하더라도 나는 묵비권을 행사하겠소. 이런 인격적인 모욕을 받고 반대 신문에 응할 수는 없소.

이대로 변호사   정말 기가 막힙니다. 증인이 반대 신문에서 묵비권을 행사하는 것은 제가 변호사 생활을 하며 처음 보는군요! 그렇다면 저도 반대 신문을 하지 않겠습니다.

판사   이번 1차 재판은 치열한 법정 공방이 계속되면서 양측이 서로 흥분하기도 했지만 배심원단이 공정한 판단을 하는 데 도움이 될 만한 정보가 많이 나왔던 시간이었습니다. 그럼 이로써 '한니발 대 스키피오' 사건에 대한 1차 재판을 마치겠습니다. 다음 재판은 일주일 뒤에 열도록 하겠습니다. 양측 변호인과 증인들 모두 수고하셨습니다.

땅, 땅, 땅!

갤리선이란?

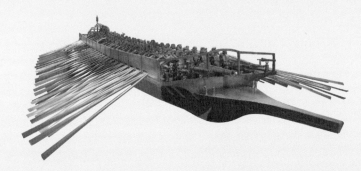

갤리선(galley 船). 고대와 중세에 걸쳐 지중해에서 쓰던 배입니다. 뱃전에 두 줄로 많은 노가 달려있으며, 전쟁 때에는 무장하여 사용했습니다.

역사상 가장 유명한 갤리선은 베네치아의 길쭉한 대형 갤리선입니다. 이 배는 바람을 이용하는 것이 아니라 노를 저어 움직였습니다. 노는 대체로 죄수나 포로를 이용하여 강제로 젓도록 하였습니다. 이 갤리선은 길이가 약 40미터 정도이며, 양쪽 뱃전에 노 젓는 자리가 30개 이상씩 있었습니다. 그렇기 때문에 속도가 매우 빨랐지요. 베네치아는 전쟁 때 쓰는 경(輕)갤리선과 물자를 운반하는 중(重)갤리선을 만들어 최고의 해상 국가로 인정받았습니다. 그러나 사람들이 노를 저어야 했기 때문에, 먼바다의 항해에는 적합하지 않아 곧 사라지게 되었지요.

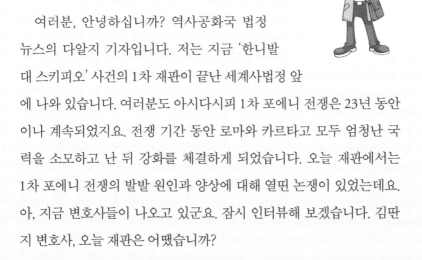

다알지 기자

여러분, 안녕하십니까? 역사공화국 법정 뉴스의 다알지 기자입니다. 저는 지금 '한니발 대 스키피오' 사건의 1차 재판이 끝난 세계사법정 앞에 나와 있습니다. 여러분도 아시다시피 1차 포에니 전쟁은 23년 동안이나 계속되었지요. 전쟁 기간 동안 로마와 카르타고 모두 엄청난 국력을 소모하고 난 뒤 강화를 체결하게 되었습니다. 오늘 재판에서는 1차 포에니 전쟁의 발발 원인과 양상에 대해 열띤 논쟁이 있었는데요. 아, 지금 변호사들이 나오고 있군요. 잠시 인터뷰해 보겠습니다. 김딴지 변호사, 오늘 재판은 어땠습니까?

김딴지 변호사

　　오늘 재판을 통해 포에니 전쟁을 과연 누가 일으켰는지 명백히 알려졌다고 생각합니다. 포에니 전쟁은 로마가 카르타고의 지배 아래 있던 시칠리아를 빼앗으려고 한 시점부터 시작합니다. 당시 로마가 이탈리아 반도를 통일하고 영토 확장에 힘을 쏟은 결과이지요. 그것은 명백한 영토 야욕이었으며, 카르타고는 이런 로마를 막기 위해 전쟁에 참여한 것뿐입니다. 그런데도 피고 측은 오리발을 내밀고 있군요. 승자의 입장에서 서술되는 역사에 굴복하지 않고, 포에니 전쟁의 진실을 밝히는 데 끝까지 주력하겠습니다.

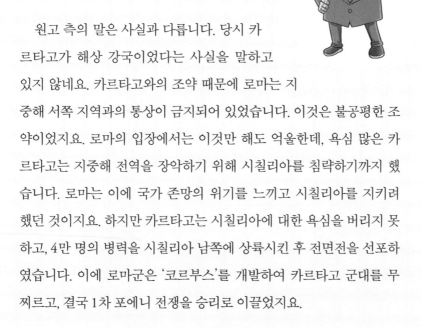

이대로 변호사

　　원고 측의 말은 사실과 다릅니다. 당시 카르타고가 해상 강국이었다는 사실을 말하고 있지 않네요. 카르타고와의 조약 때문에 로마는 지중해 서쪽 지역과의 통상이 금지되어 있었습니다. 이것은 불공평한 조약이었지요. 로마의 입장에서는 이것만 해도 억울한데, 욕심 많은 카르타고는 지중해 전역을 장악하기 위해 시칠리아를 침략하기까지 했습니다. 로마는 이에 국가 존망의 위기를 느끼고 시칠리아를 지키려 했던 것이지요. 하지만 카르타고는 시칠리아에 대한 욕심을 버리지 못하고, 4만 명의 병력을 시칠리아 남쪽에 상륙시킨 후 전면전을 선포하였습니다. 이에 로마군은 '코르부스'를 개발하여 카르타고 군대를 무찌르고, 결국 1차 포에니 전쟁을 승리로 이끌었지요.

제2차 포에니 전쟁

1. 한니발은 왜 사쿤토를 점령했을까?
2. 한니발은 왜 알프스 산맥을 넘었을까?
3. 스키피오는 왜 아프리카누스로 불렸을까?

교과연계

세계사
Ⅱ. 도시 문명의 성립과 지역 문화의 형성
　　4. 그리스와 로마
　　　(2) 로마의 건국과 발전: 왕정에서 공화정으로

한니발은 왜
사쿤토를 점령했을까?

"지난 재판에서 증인으로 나온 하밀카르 장군 봤어? 위엄이 넘치는 게 역시, 한니발 장군의 아버지답더라고! 그 아버지에 그 아들이라는 말이 딱 맞다니까."

"아무렴, 그렇고말고! 저기 원고석에 앉아 있는 한니발 장군의 모습을 좀 보게나. 내 자식도 역사에 남는 훌륭한 인물이 되었으면 정말 좋겠네그려."

"응? 자네 아들, 어리버리우스 말이군. 글쎄, 좀 어렵지 않을까 싶은데?"

"뭐라고? 내 아들이 어디가 어때서? 그런 자네 아들 머저리우스는 어떻고?"

"아니, 이놈이? 내 아들이 어때서 시비야?"

법정에는 지난 재판 때보다 더 많은 사람들이 몰려들었다. 방청석은 발 디딜 틈도 없이 꽉 들어찼다. 방청석 한 쪽 구석에서는 말싸움에 멱살잡이까지 하는 사람도 있었다.

"일동, 기립! 판사님께서 입정하십니다."

순간, 법정은 쥐 죽은 듯이 조용해졌고, 검은 법복을 입은 판사가 판사석에 앉았다.

에스파냐
유럽의 남서부 이베리아 반도 지역을 말합니다.

판사   지금부터 '한니발 대 스키피오' 사건의 2차 재판을 시작하겠습니다. 원고 측 변호인부터 시작해 주세요.

김딴지 변호사   오늘은 2차 포에니 전쟁에 대해서 본격적으로 변론하도록 하겠습니다. 2차 포에니 전쟁은 '한니발 전쟁'이라고 불릴 만큼 원고 한니발의 활약이 대단했습니다. 오늘 재판을 통해 원고 한니발이 얼마나 멋지게 전쟁을 치렀는지 아시게 될 것입니다. 그러니 먼저 원고에 대해 간략히 말씀드리고자 합니다.

판사   좋습니다.

김딴지 변호사   한니발은 그의 아버지 하밀카르가 1차 포에니 전쟁에서 시칠리아로 파견된 기원전 247년에 태어났습니다. 하밀카르는 전쟁 이후 에스파냐를 카르타고의 식민지로 만들었지요. 하밀카르는 에스파냐로 이주할 당시, 아들 한니발을 바알 신전으로 데리고 가 평생 로마를 원수로 삼으라며 맹세까지 시켰다고 하더군요. 아버지의 훈련 덕분인지 한니발은 무럭무럭 자라 정말 용맹한 장군이 되었는데요. 당시 로마에서는 울던 아이도 "한니발이 온다"라는 말을

들으면 무서워서 울음을 뚝 그칠 정도였습니다.

이대로 변호사　　이의 있습니다, 재판장님! 지금 원고 측 변호인은 원고 한니발에 대한 자랑을 늘어놓고 있습니다. 이보세요, 김딴지 변호사! 당신이 이 법정을 통째로 전세라도 냈습니까?

판사　　이의 신청을 받아들입니다. 김딴지 변호사는 원고에 대한 자랑은 그만하고 본론으로 들어가 주세요. 한니발이 카르타고에서 어떻게 힘을 키웠는지부터 시작하면 좋겠네요.

김딴지 변호사　　흠흠! 네, 알겠습니다. 한니발은 에스파냐 지역에서 아버지의 군대를 따라다니며 수많은 전쟁을 겪었습니다. 그래서 한니발이 26세의 건장한 청년이 되었을 때, 사람들은 그를 지도자로 여기며 따랐습니다. 이후 카르타고 본국에서도 이를 공식적으로 인정했지요.

판사   당시 26세라면 한니발이 매우 혈기 왕성했을 것 같군요. 한니발이 역점을 기울인 일은 무엇이었습니까?

김딴지 변호사   한니발은 먼저 에스파냐의 에브로 강 남쪽 지역을 완전히 손에 쥐기 위해 군사작전을 펼쳤습니다. 그래서 기원전 218년 에스파냐 동해안에 있는 사쿤토를 공격했지요. 그런데 ▶당시 사쿤토는 로마와 동맹을 맺고 있었습니다. 한니발의 공격이 시작되자 다급해진 사쿤토는 로마에 도와달라고 부탁했지요. 로마는 이 문제를 외교적으로 해결하기 위해 사절단을 보냈고요.

판사   그래서 사쿤토 문제가 외교적으로 잘 해결이 되었습니까?

이때 갑자기 이대로 변호사가 손을 들며 일어섰다.

이대로 변호사   그건 제가 말씀드리겠습니다. 로마 사절단은 한니발을 만나 사쿤토에 대한 공격을 당장 멈추라고 요청했습니다. 하지만 한니발은 확실한 답변을 주지 않고 오히려 사절단의 목숨을 위협하며 겁을 줬지요. 그래서 로마는 카르타고 본국으로도 사절단을 보냈으나, 카르타고 정부는 사절단의 요구를 완전히 무시했습니다.

교과서에는

▶ 로마인들은 이탈리아 반도와 접하고 있는 갈리아 지역보다 에스파냐 지역을 먼저 점령하였습니다.

판사   분위기가 심상치 않았군요. 그러다가 전쟁이 터질 수도 있을 텐데요?

이대로 변호사   맞습니다. 결국 로마 사절단은 한니발의 군대가 사쿤토에서 철수하지 않는다면 전쟁이 일어날 수밖에 없다고 알렸지요. 동맹국인 사쿤토의 위기를 모른 체할 수는 없었기 때문입니다. 하지만 카르타고는 눈도 깜짝하지 않고, 사쿤토에서 병력을 철수할 수 없다고 밝혔습니다.

판사   서로 한 치도 물러서지 않으면 결국 전쟁이 일어날 텐데요.

이대로 변호사   네, 그러한 우려가 현실이 되었지요. 로마 사절단이 성과 없이 로마로 돌아가자마자 한니발 군대는 사쿤토를 함락하고 주민들을 노예로 삼았습니다. 이 소식을 접한 로마는 어쩔 수 없이 카르타고에 전쟁을 선포하게 된 것입니다.

김딴지 변호사   이의 있습니다, 재판장님! 지금 피고 측 변호인은 한니발의 사쿤토 공격이 2차 포에니 전쟁의 원인인 것처럼 말하고 있는데, 이는 사실과 다릅니다.

판사   그런가요? 자세히 설명해 주시지요.

김딴지 변호사   한니발은 로마의 영토를 공격한 것이 아니고 에브로 강 남쪽에 있는 사쿤토를 공격한 것입니다. 이는 기원전 226년 카르타고가 로마와 체결한 협정에 어긋나는 것이 아니었습니다. 협정에는 카르타고가 에브로 강 북쪽으로 세력을 넓히지 않기로 되어 있었습니다. 하지만 에브로 강 남쪽으로 확장하는 것에 대해서는 별다른 말이 없었습니다. 그런데 사쿤토는 분명 에브로 강 남쪽에 있으

니 협정을 어긴 것이 아니지요. 따라서 전쟁이 일어난 책임은 에브로 강 남쪽에 있는 사쿤토를 고려하지 않은 로마의 무책임한 협정 체결에 있습니다. 선전 포고 또한 로마에서 먼저 했으니 한니발 입장에서는 더 이상 협정을 지켜야 할 이유도 사라진 것입니다.

이대로 변호사 이의 있습니다, 재판장님! 로마가 카르타고에 선전 포고를 한 이유는 한니발이 사쿤토에서 물러날 생각을 하지 않았기 때문입니다. 아무리 사쿤토가 에브로 강 남쪽에 있다 하더라도 로마로서는 동맹국인 사쿤토의 위기를 모른 척할 수 없었지요. 한니발이 사쿤토를 공격한 것은 로마를 공격한 것이나 다름없었습니다.

김딴지 변호사 존경하는 재판장님, 그리고 배심원 여러분! 피고 측 변호인은 전쟁이 일어난 책임을 한니발에게 뒤집어씌우고 있습니다. 협정 체결 당시 로마는 에브로 강 북쪽 지역으로 진출하려는 카르타고를 막으려고 했기 때문에, 에브로 강 남쪽에 있는 사쿤토에 대해서는 어떤 말도 하지 않았습니다. 그러니 이것은 로마가 에브로 강 남쪽에 대한 지배권이 카르타고에 있는 것을 인정한 것이나 마찬가지 아니겠습니까?

이대로 변호사 이의 있습니다, 재판장님! 로마가 사쿤토에 대한 카르타고의 지배를 인정했다는 것은 순전히 원고 측 변호인의 추측에 불과합니다. 지금 김딴지 변호사는 어떻게 해서든지 한니발에게 전쟁을 일으킨 책임을 묻지 않으려고 교묘하게 사실을 왜곡하고 있습니다.

역사가 홀워드(B. C. Hallward)의
'로마 도발론'

오늘날에도 많은 사람들이 2차 포에니 전쟁을 한니발이 일으켰다고 알고 있습니다. 이러한 주장은 고대 로마의 역사가 리비우스와 아피아누스에서 비롯되는데요. 그들은 이 주장에 대한 근거로, 기원전 226년 한니발이 조약을 깨뜨리고 사쿤토를 공격한 점을 꼽습니다. 그들의 주장에 의하면, 한니발은 카르타고 본국과는 무관하게 자기 가문(바르카 가문)의 복수와 명예 회복을 위해 단독으로 로마와의 전쟁을 단행하게 되었고, 카르타고 본국은 어쩔 수 없이 로마와 전쟁 상태에 들어가게 되었다는 것입니다.

그러나 서양 고대사 연구자 홀워드(B. C. Hallward)는 다른 주장을 펼쳤습니다. 한니발 전쟁이 카르타고 본국과 무관하게 수행되었다는 것은 납득하기 어려우며, 2차 포에니 전쟁의 근본적인 원인은 1차 포에니 전쟁 이후 바르카 가문이 에스파냐를 손에 넣은 것에 대한 로마의 견제 때문이라는 것입니다.

로마가 에스파냐에서의 카르타고 세력을 없애기 위해 사쿤토를 '도구'로 이용했다는 것이지요. 한니발에 의해 사쿤토가 함락되자, 당시 로마는 카르타고에 사절을 보내 한니발을 로마로 보내도록 요구했습니다. 그러나 카르타고는 그러한 요구를 거절했지요. 결국, '전쟁이냐 평화냐'의 갈림길에서 카르타고는 전쟁을 선택한 것입니다.

2

한니발은 왜
알프스 산맥을 넘었을까?

한니발 전쟁으로도 불리는 2차 포에니 전쟁이 과연 어느 나라 때문에 일어났느냐의 문제로 재판정은 뜨겁게 달아올랐다. 방청객들도 술렁이는 분위기였다.

판사 두 분 변호인께서 2차 포에니 전쟁 발발의 원인에 대해 열띤 논쟁을 벌여 주셨는데요. 전쟁이 일어난 책임이 한니발에게 있는지, 로마에 있는지 그 점은 앞으로 더 많은 연구가 필요한 부분이라고 생각합니다. 단, 당시의 상황으로 보아 로마와 카르타고의 전쟁은 피할 수 없는 부분이 있었다고 여겨집니다. 그럼 이제부터는 한니발이 본격적으로 로마를 향해 진격하는 시점부터 살펴볼까요? 이 부분은 원고 한니발 장군이 직접 진술해 주시기를 부탁드립니다.

한니발 알겠소. 내가 말해드리지요. 나는 기원전 218년 29세의 나

왜 한니발 장군은 알프스 산맥을 넘었을까?

이로 10만여 명의 대군과 코끼리 37마리를 이끌고 카르타헤나에서 로마로 출정했다오.

판사   카르타고는 해군이 강한 나라가 아닙니까? 함대를 앞세워 공격하는 것이 더 유리할 것 같은데 바다가 아니라 육로를 택했군요.

한니발   그것이 나의 기막힌 생각이었소. 나는 로마의 뒤통수를 친 것이오! 로마는 지중해만 바라보고 있었기 때문에 로마가 전혀 예상하지 못할 방향에서 쳐들어가려면 이탈리아 반도 북쪽에서 아래로 내려가는 방법밖에는 없었소.

판사   북쪽에서 내려온다고요? 지중해 남쪽 아프리카에 있던 카르타고가요?

한니발   그렇소! 바다를 건너 로마로 바로 올라갔다면 내가 과연 이렇게 유명해질 수 있었겠소? 하하.

판사   그럼 구체적으로 어떤 길을 택했나요?

한니발   에스파냐에서 로마 북쪽으로 향하려면 자연이 만든 거대한 두 장애물, 즉 **피레네 산맥**과 **알프스 산맥**을 넘어야 했소. 고민 끝에 나는 이 거대한 두 산맥을 넘기로 결심했지. 그것도 코끼리 부대와 함께 말이오.

"흠, 한니발 이름만 들어도 로마의 우는 아이가 울음을 그쳤다는 말이 딱 이해가 가네!"

카르타헤나
기원전 3세기에 카르타고인이 건설한 도시로, 에스파냐 남동부 지중해 연안에 있습니다.

피레네 산맥
프랑스와 에스파냐의 국경을 이루는 산맥입니다.

알프스 산맥
유럽 중남부에 장벽처럼 우뚝 솟아 있으며, 스위스, 프랑스, 이탈리아, 오스트리아에 걸쳐 있습니다.

갈리아인
켈트족을 말합니다. 고대 로마
인은 켈트족을 갈리아인(人)이
라고 불렀습니다. 이들은 기원
전 6세기부터 북이탈리아, 프랑
스, 벨기에 일대에서 살았지요.

방청석은 그 어느 때보다도 술렁였다. 한니발은 어깨가 으쓱하여 더욱 신나게 말을 이었다.

한니발　　나는 프랑스 지역과 이탈리아 반도 북쪽에 사는 **갈리아인**들이 가축 떼를 몰고 알프스를 넘어 다닌다는 사실을 알고 있었소. 그래서 나는 코끼리 떼를 몰고 알프스 산맥을 넘는다는 것이 위험한 일이기는 하지만 불가능하다고는 생각지 않았던 것이오. 나는 에브로 강을 지키기 위해 1만여 명의 군사를 남겨 놓고 원정길에 올랐소. 물론 머나먼 원정을 떠나다 보니 중간에 불만을 품은 병사도 생겼지. 그래서 그런 병사들을 다시 고향으로 돌려보내기도 하다보니, 피레네 산맥을 넘어 갈리아 지방으로 들어섰을 때는 6만여 명의 군사와 코끼리 37마리가 남았다오.

판사　　그렇게 해도 남은 병력이 거의 6만 명에 육박하는 대군이라, 로마의 입장에서는 한니발 군대의 이동에 대해서 바짝 긴장하지 않을 수 없었겠군요.

한니발　　내가 카르타헤나를 출발했다는 소식을 전해 들은 로마 원로원도 처음에는 설마 알프스를 넘으리라고는 상상도 하지 못했소. 로마는 이번 전쟁이 에스파냐 아니면 지중해 한가운데의 섬, 시칠리아에서 벌어질 것으로 예측했다오. 그런데 내가 피레네 산맥을 넘었다는 보고를 접하자 로마 원로원은 어리둥절할 수밖에 없었소.

판사　　거참, 흥미롭군요. 로마는 피레네 산맥을 넘은 원고 한니발의 다음 행동이 어떨지 매우 궁금했겠군요.

한니발   그렇소. 피레네 산맥을 넘은 뒤 나의 행방이 묘연해졌으니 말이오. ▶그 시간, 나는 드넓은 갈리아 지방을 지나면서 어떤 부족은 재물로 회유하고, 어떤 부족은 싸워 물리치며 한 걸음 한 걸음 힘겹게 앞으로 나아가고 있었소. 로마를 쳐서 아버지의 원수를 갚겠다는 나의 일념이 얼마나 뜨거웠는지 아시겠소? 그렇게 프랑스 남부의 론 강까지 건넌 뒤에는 군사가 4만여 명으로 줄어 있었다오.

판사   음, 문제는 거대한 체구를 가진 코끼리 떼를 데리고 눈 덮인 알프스를 넘는 일인데, 알프스를 넘는 과정에서 군대의 손실은 더욱 커졌을 거라 생각되는군요.

한니발   알프스를 넘을 당시는 산에 첫 눈발이 날릴 때였소. 극심한 추위와 낭떠러지의 위험에도 불구하고 산을 오른 지 9일 만에 나는 산 정상에 도착했다오. 이제 문제는 얼어붙은 산을 내려가는 일인데, 이것은 산을 오르는 것보다 더 힘들고 위험한 일이었지. 밤새도록 내린 눈이 쌓여 아침에는 얼음판으로 변해 있었고, 눈사태가 일어나 눈 속에 파묻히기도 하면서 나는 많은 병사와 코끼리를 잃었소.

판사   엄청난 대군을 이끌고 알프스를 넘은 것은 당시로서는 상상도 못할 일이었지만, 그로 인해 치러야 했던 희생은 엄청났군요.

한니발   나는 로마의 본거지인 이탈리아 반도에서 전쟁을 치르기 위해 출정한 것이었소. 그 정도의 희생은 이미 각오하고 있었다오. 그렇게 험난한 길로 내가 이탈리아 반도에 도착하는 데는 넉 달이 걸렸지. 당시 나의 코끼리 부

교과서에는

▶ 포에니 전쟁 이후, 해상을 통한 연락망은 위험 요소가 많았으므로, 안전한 육로를 확보하기 위하여 로마는 갈리아 지역을 점령하였습니다.

대가 알프스를 넘어 로마에 쳐들어오는 모습을 본 로마 사람들은 아마 놀라 까무러쳤을 것이오! 하하.

판사   네, 그렇군요. 지금까지 원고 한니발 장군의 진술을 잘 들어 보았습니다. 그렇다면 로마는 어떤 대책을 마련했는지, 이번에는 피고 측 변호인이 말씀해 주십시오.

이대로 변호사   네, 재판장님. 당시 로마의 집정관 코르넬리우스와 셈프로니우스는 합동작전을 펴서 한니발 군대를 물리칠 계획을 궁리하고 있었습니다.

판사   로마 역시 한니발 군대를 맞아 싸울 준비를 치밀하게 하고 있었군요. 그렇다면 양측 군대가 처음으로 충돌했던 곳은 어디였습니까?

이대로 변호사   로마의 코르넬리우스는 티치노라는 평지에서 한니발 군대를 맞아 전투를 벌였으나, 결국 패배하였습니다. 코르넬리우스는 중상을 입고 도망쳐야 했죠. 로마와의 첫 전투는 비록 작은 규모의 기병전이었지만 한니발의 완벽한 승리로 끝났습니다.

판사   중상을 입은 코르넬리우스는 한니발의 기병이 막강하다는 사실을 알게 되었을 텐데, 그에 대한 또 다른 대책은 세웠습니까?

이대로 변호사   코르넬리우스는 동료 집정관 셈프로니우스와 함께 로마군을 이끌고 한니발 기병을 쫓아 트레비아 강을 건너 다시 치열한 전투를 벌였습니다. 그러나 한니발에게 또 패배하고 말았어요.

판사   두 번째 전투에서도 로마군은 여지없이 쓰디쓴 패배를 당했군요.

이때 갑자기 김딴지 변호사가 끼어들었다.

김딴지 변호사   그렇습니다. 이후에도 한니발은 계속해서 승리를 거두었습니다. 이를 통해 세 번이나 연달아 한니발에게 패한 로마군은 오합지졸이라는 사실이 밝혀졌지요.

이대로 변호사   이의 있습니다, 재판장님! 오합지졸이라니요? 로마군은 애국심 넘치는 시민으로 이루어진 군대입니다. 그들은 실제 전쟁과 같은 훈련을 매일 받았고, 조국을 지키기 위해 목숨을 내건 사람들이었습니다. 세 차례 전투에서 패했다고 로마 병사들을 오합지졸이라고 하다니, 이는 로마인에 대한 참을 수 없는 모욕입니다!

판사   자, 진정하세요. 두 분 변호인이 또다시 흥분하신 것 같은데, 일단 진정하시고 피고 측 변호인이 변론해 주시기 바랍니다.

이대로 변호사   물론 세 번의 전투에서 로마가 패한 것은 심각한 문제였습니다. 로마는 한니발에 대응할 새로운 전략이 필요했습니다. 그래서 로마는 32년 만에 독재관을 임명하였습니다. 독재관에 임명된 막시무스는 이전과는 다른 전략을 세웠지요. 존경하는 재판장님! 당시 독재관 막시무스를 증인으로 신청합니다.

판사   네, 증인 신청을 받아들입니다.

판사의 말이 끝나자 방청석 한쪽 구석에 앉아 있던 노인 한 명이 흰색 토가 자락을 휘날리며 증인석으로 걸어 나왔다.

"독재관이라고? 왠지 고집스러워 보이는걸."

"막시무스라, 어디 얼마나 증언을 잘 하는지 지켜보자고."

막시무스의 증인 선서가 끝나자 곧바로 이대로 변호사의 신문이 시작되었다.

토가

어원은 덮는다는 뜻의 라틴어 테고(tego)입니다. 귀족과 자유 시민의 영광, 그리고 로마 제국의 권위를 상징하였습니다. 레몬 모양의 천을 반으로 접어 한쪽 어깨에서 반대쪽 허리로 비스듬히 착용하였지요.

이대로 변호사   먼저 본인에 대해 간단한 소개를 부탁드립니다.

막시무스   나는 로마의 귀족 파비우스 가문을 대표하는 사람으로 2차 포에니 전쟁 중 58세의 나이로 독재관에 임명되었소. 이미 두 번이나 집정관을 지낸 경력도 있었고, 이탈리아 반도 북부의 갈리아인과의 전쟁에서 승리를 거두었던 경험도 있었다오. 그리하여 한니발의 침공에 따른 위기를 극복하기 위해 독재관에 임명되었소.

이대로 변호사   제가 알기로 증인은 다른 집정관들과 달리 새로운 전략으로 한니발에 대응하셨는데, 구체적으로 무엇이었습니까?

막시무스   내가 취한 전략은 단순했소. 한니발과 전투를 하지 않는 것이었지!

이대로 변호사   네? 전투를 하지 않는다고요? 아니, 전투를 하지 않고 어떻게 한니발을 이길 수 있습니까?

막시무스   전쟁이 시작된 이후 한니발과 전투를 치른 로마 집정관들이 대부분 전사하거나 중상을 입고 패배했다는 점을 먼저 기억해 주기 바라오. 나는 한니발과 정면 대결을 벌여서 이길 수 있다고 생각하지 않았소. 분하지만 당시 한니발에게 이길 수 있는 로마의 장군은 아무도 없었소.

김딴지 변호사   하하! 들으셨습니까? 재판장님! 로마의 독재관마저 무적의 한니발이 무서워 꼬리를 내렸습니다.

이대로 변호사   아니, 이보세요, 김딴지 변호사! 제가 지금 증인 신문하는 거 안 보이십니까?

판사   원고 측 변호인! 재판장의 허가 없이 자꾸 중간에 끼어들지 마시고, 할 말 있으면 증인 반대 신문 시간에 하세요. 아실 만한 분이 왜 그러십니까?

김딴지 변호사   알겠습니다, 재판장님. 증인이 한니발의 능력을 인정하는 발언을 하기에 저도 모르게 끼어들게 되었습니다. 쩝!

    김딴지 변호사가 무안한 표정으로 자리에 앉았다.

판사   피고 측 변호인, 계속 증인 신문해 주시기 바랍니다.

이대로 변호사   증인! 한니발과 싸우지 않고 어떻게 이길 수 있습니까? 잘 이해가 가지 않는데요?

막시무스   잘 생각해 보시오. 싸워야 이기든 지든 하는 것이오. 그러므로 싸우지 않으면 이기는 일도 없지만 지는 일도 없소. 나는 한니발을 뒤쫓으면서도 전투에는 절대 응하지 않았소. 한니발이 로마의 동맹 도시들과 전투를 벌이면 약간이라도 사망자나 부상자가 나올 것이고, 그렇게 한니발의 군대가 지쳐가는 것을 기다렸던 것이오.

이대로 변호사 적을 추격하지만, 싸우지는 않는다? 참, 독특한 전략이군요. 그럼 그동안 로마의 동맹 도시들의 피해가 늘어날 텐데요. 그러다가 동맹 도시들이 카르타고에 시달리게 만든 로마를 원망하며 로마 연합에서 탈퇴한다면 큰일 아닙니까?

막시무스 로마 연합은 변호사님이 생각하시는 것처럼 그렇게 느슨한 동맹체가 아닙니다. 물론 동맹 도시들이 한니발에게 약탈당하고 불타는 모습을 지켜보는 것은 로마 연합의 맹주로서 참기 힘든 일이었지요. 오죽했으면 로마 동포들이 나를 '쿵크티토르(굼뜬 사내)'라고 비아냥거렸겠소. 내 깊은 뜻도 몰라주고……. 흠.

이대로 변호사   그랬겠죠. 로마인들은 압도적인 승리를 바랐을 테니까요.

막시무스   하지만 그건 욕심일 뿐이오. 나의 전략은 동맹 도시들이 희생당하는 대가를 치르기는 했어도 멀리 봤을 때 분명 효과가 있는 것이었소.

이대로 변호사   네, 잘 알겠습니다. 증인은 자신의 전략이 옳다는 확고한 신념을 가지고 계셨군요. 재판장님! 이상으로 신문을 마치겠습니다.

판사   그럼 다음으로 원고 측 변호인, 반대 신문 해 주시기 바랍니다.

김딴지 변호사   네, 알겠습니다. 증인은 자신의 능력으로 한니발을 무찌를 수 있다고 생각하셨습니까?

막시무스   음……. 유감스럽지만, 당장 한니발에게 승리를 거두기는 어렵다고 보았소. 하지만 장기전으로 갈 경우 이길 수 있다는 확신이 있었소.

김딴지 변호사   증인의 '굼뜬' 전략이 계속되자, 로마인들은 어떤 반응을 보였습니까?

막시무스   '굼뜬' 전략이라니요! 말을 삼가시오! 당시 로마 동포들은 내 전략을 이해하지 못했소. 한니발을 물리치길 바랐지만, 그렇지 못하자 점점 내 전략을 비판하기 시작했소.

김딴지 변호사   그런데도 증인은 계속 독재관 직책을 유지할 수 있었습니까?

막시무스   내 소극적인 전략이 계속되어 한니발이 아펜니노 산맥을 넘자, 결국 직책을 잃고 로마로 불려가게 되었지.

김딴지 변호사   당연히 그렇게 되었겠죠. 로마의 원로원은 동맹 도시들이 피해를 입고 로마 연합이 해체되는 것을 피하고 싶었을 테니까요.

막시무스   음……. 지금 그 말은 매우 모욕적으로 들리는군. 나는 로마가 승리하기 위해서 어느 정도의 피해는 감수해야 한다고 생각했소. 그리고 그때까지 로마를 버리고 한니발 편에 가담한 동맹 도시는 하나도 없었소. 로마 원로원도 8만여 명의 로마 군대가 칸나에 전투에서 거의 전멸하는 타격을 받자 내 판단이 옳았음을 인정했소.

판사   네, 증인 수고하셨습니다. 이만 증인석에서 내려가셔도 좋습니다. 칸나에 전투에 관해서는 김딴지 변호사가 보충 설명 해 주시기 바랍니다.

김딴지 변호사   네, 알겠습니다. 기원전 216년 8월 2일 로마 군대와 한니발의 카르타고 군대는 칸나에 평원에서 운명적인 전투를 벌이게 되었습니다. 칸나에는 이탈리아 반도 남동부의 오판토 강 남쪽 연안 지역으로, 로마보다는 아래쪽에 있었죠. 존경하는 재판장님! 당시 전투 상황을 보다 실감 나게 말씀드리기 위해 당시 전투에 참여했던 한니발 장군의 동생 마고네를 증인으로 요청하는 바입니다.

판사   네, 좋습니다.

방청석에 앉아 있던 마고네는 법정 앞으로 걸어 나와 증인석에 앉았다. 이어 증인 선서가 끝나자 김딴지 변호사의 신문이 시작되었다.

김딴지 변호사   증인은 당시 칸나에 전투 현장에 있었기 때문에 전투가 어떻게 시작되었으며, 형인 한니발이 어떻게 승리했는지를 잘 알고 계실 것입니다. 먼저 전투가 어떻게 펼쳐졌는지에 대해 설명을 부탁드립니다.

마고네   네. 형 한니발은 보병을 배치할 때 정면에는 갈리아인으로 구성된 보병을, 그 뒤에는 에스파냐에서 데려온 중무장 보병을 배치했습니다. 이 중무장 보병은 한니발의 가장 뛰어난 부대였습니다. 그리고 보병 왼쪽에는 에스파냐와 갈리아 기병을, 오른쪽에는 아프리카에서 데려온 누미디아 기병을 배치했습니다. 누미디아 기병의 전투력은 따라올 사람이 없을 만큼 대단했습니다. 한니발은 갈리아 보병을 활처럼 불룩한 대형으로 배치시켰는데 그것은 로마군의 공격을 탄력적으로 흡수하기 위한 조치였습니다.

김딴지 변호사   각 병사의 능력을 고려한 효율적인 배치였군요. 전투 양상은 어땠습니까?

마고네   초반에는 로마 쪽이 더 잘 싸웠습니다. 로마의 사령관 바로는 먼저 공격 명령을 내렸고, 로마 보병이 거세게 한니발의 보병을 밀어붙였습니다. 그래서 활 모양으로 불룩했던 한니발의 보병은 안으로 오목한 모양이 되어 버렸지요.

한니발의 갈리아 보병은 더 이상 로마군의 공격을 버티지 못하고 양옆으로 나뉘어 흩어졌습니다. 그래서 로마 보병은 한니발의 중무장 보병과 맞서 싸우게 되었지요. 숫자로 보면 로마 보병이 더 많았기 때문에 보병들 간의 전투는 계속해서 로마군이 유리해 보였습니다.

그러나 기병들 간의 전투에서 상황은 뒤집어지기 시작했습니다. 로마의 집정관 아이밀리우스가 이끄는 2천여 명의 기병은 6천 명에 이르는 한니발의 기병에 포위되어 대부분 목숨을 잃었습니다. 집정관 바로가 이끄는 로마 기병 4천여 명도 누미디아 기병들에 밀려 도망가기 시작했습니다.

김딴지 변호사　음, 그렇다면 한니발의 기병대가 로마 보병을 뒤쪽에서 공격할 수 있을 텐데요.

마고네　네, 바로 보셨습니다. 한니발의 보병이 로마 보병의 공격을 잘 막아 내고 있는 사이, 한니발의 기병이 로마군의 배후에서 포위 공격을 하였습니다. 7만 명의 로마군이 한니발이 지휘하는 4만 명의 병사들에게 완벽하게 포위되었던 것입니다. 치열한 포위 공격으로 인해 로마의 집정관 아이밀리우스가 전사했습니다. 기병이나 보병으로 참전한 로마 원로원 의원 80명도 모두 전사했지요.

김딴지 변호사　음, 당시 로마 원로원 의원은 300명 정도였는데, 그중에 80명이 칸나에 전투에서 전사했다니, 정말 놀랍습니다.

마고네　전투는 해 질 녘까지 계속되었는데 전투가 계속될수록 로마군의 혼란과 공포는 더해 갔습니다. 한니발의 정예 부대인 누미디아 기병은 수십 차례의 전투 경험을 가진 시니운 직업군인들이었고, 이 전투에서 그들의 힘이 완벽하게 발휘되었죠. 아군과 적군을 구별할 수 없을 정도로 칸나에 평원은 온통 아수라장으로 변했습니다. 포위를 뚫지 못한 로마군은 한니발 군대의 공격에 사지가 잘려 나가고 피투성이가 되었습니다. 수천 명의 부상자들이 시체와 뒤엉켜 참혹한 광경을 자아내고 있었죠. 그 이후의 전투는 더 이상 전투가 아니라 일방적인 살육이었습니다.

김딴지 변호사　네, 그랬군요.

마고네　한니발은 승리를 거둔 지휘관으로서 당당하게 전쟁터를 둘러보았습니다. 하지만 막상 전투가 끝난 뒤의 참혹한 광경을 보고는 충격을 받지 않을 수 없었습니다. 7만 명에 육박하는 로마군 사망자들의 내장이 썩어가면서, 피비린내와 뒤엉켜 악취를 풍기는 광경을 한번 상상해 보십시오. 당시 로마군 시체는 한여름의 뜨거운 태양 아래서 빠르게 부패했을 것으로 보입니다. 또한 그 전투에서 흘린 피만 해도 족히 10만 리터에 달했을 것으로 추정되지요. 정말 참혹했습니다.

판사　정말 끔찍한 전투의 참상이군요. 잠깐 피고 측 변호인에게 묻겠습니다. 칸나에 전투의 패배는 엄청난 충격이었을 텐데, 이후 로마는 어떤 조치를 취했습니까?

이대로 변호사　로마 역사상 로마인들이 그렇게 처참한 패배를 당한 것은 칸나에 전투가 처음이자 마지막이었습니다. 로마는 완벽한 패배를 겸허하게 받아들였습니다. 패배한 장군인 바로를 비난하는

왜 한니발 장군은 알프스 산맥을 넘었을까?

목소리도 없었으며, 오히려 로마의 원로원과 시민들은 패잔병들의 노고를 위로했습니다.

칸나에 전투에서 사망한 병사들의 애도 기간이 끝나기도 전에 이번에는 갈리아 지역에서 로마군 2개 군단이 거의 전멸했다는 소식이 전해졌습니다. 그러니까 로마는 며칠 사이에 10만 명이나 되는 엄청난 병력을 잃은 것이었습니다.

순간, 방청석에서는 놀라움으로 웅성거리는 소리가 들린다.

"우와, 그 옛날 10만 명이나 되는 젊은 병사들을 단 며칠 사이에 잃었다니, 로마가 그때 망하지 않은 것이 신기하군."

"누가 아니래, 나 같으면 그냥 한니발에게 항복했을 거야."

판사   자, 조용히 해주세요. 원고 측 변호인은 계속 변론해 주세요.

김딴지 변호사   그러니까 기원전 218년 10월 한니발이 알프스 산맥을 넘은 이후부터 기원전 216년 8월 2일 칸나에 전투까지, 한니발은 약 10만 명에 이르는 로마 병사들과 수백 명의 원로원 의원들을 죽이거나 사로잡았습니다. 그중에는 현직 집정관 2명과 기타 여러 명의 전직 집정관이 포함되어 있었습니다. 불과 2년 사이에 로마 공화국에서 가장 우수한 전력의 3분의 1이 죽거나 다치거나 포로로 잡혔던 것이죠.

판사   음, 이탈리아 반도를 통일한 로마군이 칸나에 전투에서 그렇게 힘 한 번 제대로 못 쓰고 졌다는 사실이 좀처럼 믿기지 않습니다.

김딴지 변호사   한니발 군대의 병사가 로마보다 적었는데도 불구하고 칸나에 전투에서 승리할 수 있었던 이유는 기병을 적절하게 활용했기 때문이었습니다. 한니발은 알렉산드로스 대왕이 생각했던 전술을 영리하게 활용한 것이죠. 전투가 벌어지면 기병은 기병끼리, 보병은 보병끼리 싸우는 것이 보통이었지만, 한니발은 우세한 기병 전력을 활용해 적의 뒤를 공격하거나 적을 흩뜨려 놓는 병법을 썼습니다. 로마는 많은 병사 숫자로 한니발을 누르려고 했지만, 상황에 따라 새로운 전술을 적절하게 구사하는 한니발에게 패배한 것이지요.

판사   칸나에 전투에서 승리한 한니발 군대의 사기는 하늘을 찌르지 않았습니까? 그런데 지금도 잘 이해가 가지 않는 것은 왜 한니발이 승리의 여세를 몰아 곧바로 로마로 쳐들어가지 않았냐는 것이에요.

김딴지 변호사   말씀하신 대로 한니발 진영의 사기는 그 어느 때보다 높았기 때문에, 한니발의 부하 장교들은 이 기회를 놓치지 말고 로마를 공격하자고 주장했습니다. 하지만 한니발은 당장 로마를 공격하는 것은 아직 이르다고 생각했습니다. 로마는 튼튼한 방어 체계를 가진 거대한 도시였기 때문에, 한니발이 로마를 에워싸고 공격한다 해도 함락하는 데는 족히 2, 3년이 걸린다고 생각했던 것입니다. 그 사이에 로마의 동맹 도시들이 로마를 돕기 위해 한니발을 공격해 온다면 큰일이었죠. 한니발은 전쟁의 최종적인 승리를 위해서는 로마와 동맹 도시들의 연합을 무너뜨려야 한다고 생각했습니다. 그리하여 그는 로마가 아니라 이탈리아 반도 남부에 있는 로마의 동맹 도시들을 압박하는 쪽을 선택했습니다.

판사   음, 듣고 보니 현명한 판단이라고 생각됩니다만, 그럼 한니
발의 공격을 받은 로마 동맹 도시들의 상황은 어떠했습니까?
김딴지 변호사   한니발은 로마의 동맹국들을 포섭하기 위해, 포로
가 된 로마 동맹국 병사들을 몸값도 받지 않고 풀어 주었습니다. 한
니발의 적은 로마이지 로마 동맹국들이 아니라는 뜻이었지요. 한니
발의 의도대로 처음에는 몇몇 동맹국들이 로마를 버리고 한니발의
편에 섰습니다. 특히 세력이 강했던 도시 카푸아가 한니발 편으로

왜 한니발 장군은 알프스 산맥을 넘었을까?

돌아선 것은 로마에 뼈아픈 타격이었습니다.

이대로 변호사　　　이의 있습니다, 재판장님! 한니발이 이후에도 계속 승승장구했던 건 아니었습니다! 당시 로마 원로원은 한니발의 강화 제의를 거절하고 막시무스를 다시 집정관에 선출하여 대응했습니다. 막시무스는 다시 자신의 전략대로 한니발과의 정면 승부를 피하고 시간 끌기 전략을 유지하면서, 한니발을 이탈리아 반도에 가둬 놓는 전술을 펼쳤지요. 이후 한니발은 4년 동안 로마군과 별 소득 없는 전쟁을 벌일 뿐이었습니다.

로마의 군대는
어떻게 이루어져 있을까?

　　공화정 시대 로마의 시민권자는 35개의 행정 구역 가운데 하나에 소속되어 있었습니다. 각 행정구역에 소속된 남자는 생산 활동에 종사하지 않는 사람을 제외하고 17세부터 60세까지 병역의 의무를 지고 있었지요.

　　로마 군대에서는 한 명의 집정관이 2개 군단을 지휘합니다. 로마는 전통적으로 2명의 집정관을 뽑았는데요. 그러면 모두 4개의 군단이 되지요. 4개 군단의 장교는 24명인데, 이들은 민회에서 선출되었습니다.

　　1개 군단에는 여러 군사들이 포함되어 있는데요. 걸어다니는 보병과 말을 타고 다니는 기병을 합치면 4천 5백 명 정도였습니다. 그러니까 4개 군단의 병력은 총 2만 명 정도가 됩니다. 기병의 경우 재산을 가장 많이 가진 제1계급에서 충원되었는데, 4개 군단이 보유한 기병의 합은 1천 2백 기 정도였습니다.

　　로마의 보병은 옆으로 세 줄로 서서 3열 횡대로 전투에 임하였습니다. 맨 앞의 1열은 2천 4백 명이 배치됩니다. 이들은 전투 경험이 적은 17세 이상의 병력으로, '히스텔리'라고 불리지요. 그 뒤의 2열은 30대 나이에 해당하는 2천 4백 명의 최정예 병력으로 '프린키페스'라 불립니다. 맨 뒤의 3열은 45세까지의 시민 병사 1천 2백 명으로 '트리알리'라고 불렸습니다. 3열은 체력은 좀 떨어지지만 전투 경험이 풍부한 베테랑 병사들이라 무시할 수만은 없었지요. 병사들은 칼과 방패, 투구와 갑옷으로 무장했습니다.

　로마 시민병 편성이 완료되면, 집정관은 로마 연합에 소속된 동맹국들에게 병력 파견을 요청합니다. 기원전 216년 칸나에 전투에 동원된 로마군과 동맹군은 모두 8만 7천 명이었는데, 그중에서 약 7만 명이 전사하고 1만 명이 포로로 잡혔습니다. 즉, 거의 대부분의 군사를 잃은 것이지요. 이제 칸나에 전투가 로마의 존망까지 위협했던 충격적인 패배였다는 것이 느껴지시나요?

3

스키피오는 왜
아프리카누스로 불렸을까?

판사 네, 두 분 변호인의 말씀을 듣고 보니 전쟁이 계속될수록 한니발이 불리해졌다는 사실을 알 수 있겠는데, 거기에는 막시무스의 시간 끌기 전략이 효과를 발휘한 것으로 보입니다.

이대로 변호사 네, 맞습니다. 칸나에 전투에서 큰 타격을 받은 로마는 모든 힘을 총동원하여 20개의 군단을 꾸렸습니다. 보통 사령관 한 명이 2개 군단을 통솔하니까 20개 군단이면 적어도 10명의 사령관이 필요했지요. 한니발 같은 명장은 아니었지만 10명의 실전 경험이 풍부한 지휘관이 20개 군단을 이끌었습니다. 이 군대는 한니발에게 무척 부담스러운 상대였지요.

판사 듣고 보니, 로마인의 꺾일 줄 모르는 저항 정신과 조직력에 고개가 절로 숙여지는군요.

이대로 변호사　　그렇습니다. 게다가 한니발은 한 가지 커다란 실수를 했는데, 그것은 조금 전 언급되었듯이, 동맹국을 압박하여 로마 연합을 해체시킬 수 있다는 생각이었습니다. 칸나에 전투 이후 한니발에게로 돌아선 로마의 동맹국은 단 세 곳에 불과했습니다. 로마 연합은 한니발의 예상과 달리 무척이나 튼튼했던 거지요.

　한니발을 낮게 평가하려는 것은 아닙니다. 하지만 한니발이 칸나에 전투 이후 별다른 성과를 얻지 못했던 것은 사실입니다. 반면 그동안 로마에는 스키피오라는 젊고 걸출한 지휘관이 등장했습니다. 칸나에 전투 당시 19세였던 청년 장교가 어느새 한니발에 맞서 로마를 지킬 수 있는 튼튼한 버팀목으로 성장한 것입니다. 재판장님, 당시 스키피오의 부하였던 어시스투스를 증인으로 신청하는 바입니다.

판사　　네, 증인석으로 나와 주시기 바랍니다.

　빨간색 깃털이 달린 번쩍이는 투구를 쓰고 황금빛 갑옷으로 무장한 증인이 걸어 나와 증인 선서를 마치자 이대로 변호사의 증인 신문이 시작되었다.

　"아이고, 눈부셔라. 황금빛 옷이 번쩍번쩍하는데?"

이대로 변호사　　수년간 증인은 피고 스키피오의 부하로 있으면서 2차 포에니 전쟁을 로마의 승리로 이끄는 데 크게 공헌했습니다. 증인이 보기에 로마 원로원이 당시 25세밖에 되지 않은 청년 스키피오를 로마군 사령관이라는 막중한 자리에 앉힌 이유가 무엇이라고 생각하십니까?

어시스투스　스키피오 장군이 사령관이 된 것은 당시 로마에 지휘관이 부족한 탓도 있었지만 그분의 군사적 재능이 워낙 뛰어났기 때문입니다. 스키피오 장군은 2차 포에니 전쟁 초기부터 로마군 기병대에서 활약하면서 한니발의 전술을 훤하게 꿰뚫고 있었지요. 게다가 그분은 명석한 두뇌와 탁월한 지휘력을 가진 인물로 자신이야말로 한니발을 무찌르고 전쟁을 승리로 장식할 수 있는 적임자라고 생각했습니다. 스키피오 장군은 시간을 끌며 버티던 막시무스 장군과는 달리 한니발을 이기려면 한니발처럼 싸워야 한다며 적극적인 전략을 펼쳤습니다.

이대로 변호사　음, 한니발을 이기려면 한니발처럼 싸워야 한다? 거참, 대담한 생각이군요. 그렇다면 그런 스키피오의 전략이 실제로 효과가 있었습니까?

어시스투스　네, 물론입니다. 기원전 209년에 스키피오 장군은 공격적인 전술을 펼쳐 한니발의 에스파냐 본거지인 카르타헤나를 무너뜨리는 데 성공했지요. 이듬해에는 한니발의 동생 하스드루발이 이끄는 카르타고군을 무찔렀고요. 그리고 그 다음해에는 마침내 에스파냐에서 카르타고 세력을 완전히 몰아냈습니다.

이대로 변호사　음. 스키피오의 놀라운 지휘로 로마군 전체의 사기가 높아졌겠군요. 그럼 스키피오와 한니발이 직접 전쟁터에서 만난 것은 언제입니까?

어시스투스　스키피오 장군은 카르타고의 본거지인 북아프리카에

　왜 한니발 장군은 알프스 산맥을 넘었을까?

상륙한 후 누미디아를 자기편으로 끌어들여, 막강한 누미디아 기병을 얻었습니다. 이렇게 스키피오 장군이 북아프리카에서 카르타고를 위협하자, 기원전 203년 한니발은 카르타고를 지키기 위해 로마에서 카르타고 본국으로 돌아왔지요. 당시 로마와 카르타고는 강화 협상을 진행하고 있었는데, 거의 성사 단계에서 없던 일이 되고 말았습니다.

이대로 변호사　　로마와 카르타고와의 강화가 취소되었다면 이제 남은 것은 결전 아닙니까?

어시스투스　　그렇습니다. 기원전 202년에 로마와 카르타고는 나라의 운명을 건 결전을 준비하게 되었습니다. 한니발은 5만여 명의 군사와 80마리의 코끼리를 보유하고 있었던 반면, 스키피오 장군은 4만여 명의 군사를 가지고 있었지요. 양측 군대는 북아프리카의 자마 평원에서 싸울 준비를 했습니다. 그리고 전투가 벌어지기 전날 스키피오 장군과 한니발의 만남이 이루어졌지요. 한니발이 강화를 제의하였지만, 스키피오 장군은 이를 거절했습니다. 이후 결전의 날이 밝았고 한니발은 코끼리 부대의 진격을 명령했습니다. 우리는 공격해 오는 코끼리 부대를 먼저 무력화시킨 후, 카르타고군과 치열한 전투를 벌였습니다.

이대로 변호사　　아니, 그 덩치가 큰 80마리나 되는 코끼리 부대가 어떻게 힘을 못 쓰게 되었다는 겁니까?

“로마군은 코끼리를 대체 어떻게 잡은 거지?”

"그러게 말이야. 도저히 믿을 수 없군!"

로마군이 한니발의 코끼리 부대를 무력화시켰다는 말에 법정이 웅성거렸다. 그러자 스키피오가 일어나 자신 있게 말하기 시작했다.

스키피오　그건 내가 말해드리겠소. 나는 코끼리 부대의 공격에 대비해 보병 부대들의 간격을 넓게 벌리도록 했소. 그리고는 달려오는 코끼리 떼를 부대 사이로 빠지게 한 후, 나팔을 불고 꽹과리를 치면서 투창을 던지게 했지. 그렇게 하자 코끼리 떼는 미친 듯이 날뛰다 쓰러져 우리 로마군에 사로잡히게 되었소. 이렇게 코끼리 부대를 제압하고 나자, 한니발은 내 상대가 되지 못했다오. 하하하!

스키피오가 한니발을 가리키며 도발하자, 한니발이 발끈하며 원고석을 박차고 일어섰다.

"뭐라고? 지금 당장 다시 붙어 보겠소? 단 한 번 이긴 걸로 우쭐대는 애송이 장군!"

"아니, 애송이라니! 말 다했소? 정말 지금 한번 붙어보겠소?"

거대한 두 장군이 일어서서 주먹을 쥐자, 법정에는 일촉즉발의 위기감이 감돌았다.

판사　원고와 피고는 모두 자리에 앉으세요. 싸움을 계속한다면 두 분 다 법정모독죄로 처벌하겠습니다. 피고 측 변호인은 계속 증인 신문해 주세요.

　재판장의 말이 떨어진 후, 그제야 한니발과 스키피오는 서서히 자리에 앉았다. 그러나 자리에 앉으면서도 눈으로는 계속 서로를 노려보고 있었다.

이대로 변호사　　　네, 신문을 계속하겠습니다. 로마군이 나팔을 불고 꽹과리를 치니, 아무리 힘센 코끼리라 해도 정신을 못차렸겠군요.

어시스투스   네, 그렇습니다. 카르타고의 전사자는 2만 명이 넘었고, 또 2만 명이 포로로 잡혔습니다. 한니발은 소수의 기병만을 거느린 채 도망쳤습니다. 반면 로마의 피해는 사망자 1천 5백 명 정도였으니, 전투는 우리 스키피오 장군의 완벽한 승리로 끝난 것이지요. 그런 훌륭한 분을 장군으로 모시고 싸웠다는 게 저는 얼마나 자랑스러웠는지 모릅니다. 하하.

이대로 변호사   네, 정말 완벽한 승리로군요. 자마 전투에서의 승리 이후 스키피오는 곧바로 카르타고를 공격했습니까?

어시스투스   그렇지는 않았습니다. 왜냐하면 한니발이 깨끗하게 자신의 패배를 인정하며 강화를 제안했기 때문입니다. 그래서 로마와 카르타고 사이에 강화 교섭이 시작되었지요. 그때 우리 로마가 카르타고에 제시했던 강화의 주요 내용은 다음과 같습니다.

'첫째, 로마는 카르타고를 독립된 동맹국으로 간주하고 카르타고의 자치권을 인정한다. 둘째, 카르타고는 해외 영토를 모두 포기한다. 셋째, 카르타고는 앞으로 로마와 동맹 관계에 있는 국가와 싸우지 않는다. 넷째, 3단층 갤리선 10척을 제외한 모든 함대와 군용 코끼리를 로마에 넘겨준다. 다섯째, 카르타고는 아프리카를 비롯하여 어디서든 로마의 허락 없이 전쟁을 할 수 없다. 여섯째, 카르타고는 전쟁 배상금 1만 탈렌트를 앞으로 50년 동안 나눠 로마에 지불한다. 일곱째, 카르타고의 젊은이 100명을 로마에 인질로 보낸다.'

이대로 변호사   음, 당시 강화 조약의 관례에 비추어 볼 때 로마는

자치권
자치권이란, 어느 지역 안에서 그곳을 직접 다스릴 수 있는 권한을 뜻한답니다.

로마 vs 카르타고

상당히 관용을 베풀었군요. 더 혹독한 조건을 제시할 수도 있었을 텐데요. 증인, 수고하셨습니다. 이상으로 증인 신문을 마치겠습니다.

판사   그럼, 다음으로 원고 측 변호인, 반대 신문 있습니까?

김딴지 변호사   없습니다. 다만 제가 말씀드리고 싶은 것은 피고 스키피오가 정말 운이 좋았다는 사실입니다.

개선장군
싸움에서 이기고 돌아오는 것을
개선이라 합니다. 그래서 전쟁
을 승리로 이끈 사람을 개선장
군이라 하지요.

이대로 변호사   이의 있습니다, 재판장님! 지금 김딴지 변호사는 피고를 비아냥거리고 있습니다. 한니발이 자신의 패배를 인정했는데도 말입니다.

김딴지 변호사   존경하는 재판장님! 한니발이 그 험준한 알프스를 넘으면서 전투를 치른 기간은 무려 16년이나 됩니다. 그동안 한니발은 카르타고 본국으로부터 이렇다 할 지원도 받지 못하고 혼자서 고군분투할 수밖에 없었지요. 한니발이 스키피오를 무찌르기 위해 다시 카르타고로 돌아갈 때 그와 16년 동안 생사고락을 함께 하며 살아남은 병사의 수는 고작 8천 명 정도였습니다. 여기에 동생 마고네가 남긴 병사 1만 명, 그리고 본국에서 지원한 병사를 합하여 5만 명이었습니다. 만약 칸나에 전투 당시 한니발의 정예 병사들이 그대로 남아 있었다면, 한니발은 결코 자마 전투에서 스키피오에게 패하지 않았을 것입니다.

판사   말씀을 듣고 보니 그럴 듯합니다만, 역사에 '만약'은 없겠지요.

이대로 변호사   그렇습니다, 재판장님! 역사에 '만약'을 가져다 붙인다면 그건 더 이상 역사가 아니라 소설일 뿐입니다. 어쨌든 자마 전투에서 승리한 장군은 스키피오인 것입니다. 이후 스키피오는 개선장군이 되어 로마에 입성했습니다. 로마 시민들이 모두 거리로 뛰쳐나와 꽃을 날리며 백마 탄 개선장군을 환호했음은 두말할 필요가 없지요. 스키피오는 이후 아프리카를 제압한 자라는 의미에서 '아프리카누스'라는 존칭으로 불렸습니다. 한편 한니발은 로마의 포로가 되지 않기 위해서 소아시아로 도망쳤지만, 결국 음독자살로 생을 마감했습니다. 한 시대를 호령했던 위대한 장군의 마지막 모습이라 하기엔 너무나 쓸쓸하고 비극적인 최후였지요.

소아시아
소아시아란 아시아의 서쪽 지역, 즉 지금의 터키 지역 근처를 가리키던 지명입니다.

한니발의 죽음을 묘사하는 장면이 나오자, 원고석에 앉아 있던 한니발이 깊은 한숨을 내쉬었다. 방청석에 앉아 있던 카르타고 출신 사람들은 눈물을 짓기도 했다. 정역사 판사는 이쯤에서 분위기를 정리하고 나섰다.

판사   오늘은 '한니발 전쟁'이라고도 불리는 2차 포에니 전쟁이 로마와 카르타고 중 어느 쪽의 책임으로 일어났는지 살펴보았습니다. 그리고 원고 한니발이 왜 알프스를 넘었는지, 칸나에 전투에서 자마 전투까지 전쟁의 양상은 어떠했으며 피고 스키피오의 승리가 무엇을 의미하는지에 대해서도 알아보았습니다. 이상으로 '한니발 대 스키피오' 사건의 2차 재판을 마치겠습니다.

땅, 땅, 땅!

'로마 연합'이란 무엇일까요?

'로마 연합'은 로마와 다른 도시 국가들과의 정치적 연합체를 말합니다. 기원전 4세기 중엽에 형성되기 시작했지요. 여기서는 로마와 연합 도시들과의 관계를 살펴봅시다.

로마의 시민권

로마의 자유민은 평민이나 귀족에 관계없이 모두 로마 시민권을 가지고 있었는데요. 로마 시민권이 있으면 투표를 할 수 있었고, 공직에 출마할 수도 있었죠. 그 대신 병역의무를 수행해야 했습니다. 재산이 없는 무산자인 프롤레타리아는 선거권을 행사하면서도, 세금을 내지 않고 병역의 의무를 면제받았습니다.

무니키피아

무니키피아는 이탈리아 반도에 있는 '라틴 동맹'의 가맹국이었던 도시입니다. 무니키피아 주민들에게는 '선거권 없는 시민권'이 주어졌는데, 이들은 로마의 나랏일에 참여할 수 없는 점을 빼면 로마 시민과 동등한 권리를 가지고 있었습니다. 무니키피아에 속하는 동맹 도시들은 완전한 자치권을 보장받고 있었지요.

콜로니아

'콜로니아'는 식민지를 뜻합니다. 로마 시민권을 가진 사람들이 많을 경우에는 '로마 식민지'라 불렀고, 선거권이 없는 시민이 많을 경우 '라틴 식민지'라고 불렀습니다. 독일의 도시 퀼른은 '콜로니아'의 독일어 표현이지요.

소키

'소키'는 공동 경영자라는 뜻입니다. 기원전 4세기 이후 로마와의 전쟁에서 패한 이탈리아 중남부에 있는 그리스인들의 도시를 기원으로 합니다. 이들 도시 국가들도 완전한 자치권을 가지고 있었습니다.

공통점

무니키피아, 콜로니아, 소키의 공통점은 로마에 세금이나 조공을 바칠 의무가 없는 대신, 로마에 병력을 제공해야 했다는 것입니다. 병력의 제공은 동맹 국가 간의 명예로운 협력 방식으로 여겨졌습니다.

로마 가도

로마는 로마 연합에 속한 동맹 도시들을 연결하는 '로마 가도'를 만들어 병력 및 물자 수송에 이용했습니다. 통행료 없이 누구나 로마 가도를 이용할 수 있었으며, 이를 통하여 로마 연합은 하나의 통일된 정치 체제를 형성할 수 있었습니다.

다알지 기자

　　한니발과 스키피오의 2차 재판이 방금 끝났습니다. 정말 한 치의 양보도 없이 치열했는데요. 2차 포에니 전쟁의 원인과 한니발의 진격, 칸나에 전투와 양국의 운명을 건 최종 전투 등이 다루어졌습니다. 이번 재판은 한니발과 스키피오 두 장군의 능력을 평가할 수 있는 가장 중요한 시간이었습니다. 칸나에 전투로 인해 로마를 거의 멸망으로 이끈 한니발이냐, 최종 전투를 승리로 이끌며 로마를 기적적으로 일으킨 스키피오냐! 정말 위아래를 가리기 힘든 대결이었지요. 지금 양측 변호사들이 나오고 있는데요. 소감을 한번 들어 보겠습니다.

김딴지 변호사

 2차 포에니 전쟁의 원인은 분명히 로마 측
에 있습니다. 로마는 카르타고를 견제하기 위
해 일부러 조약 위반을 걸고넘어졌던 것입니다. 협
정 체결 당시 로마는 에브로 강 남쪽에 있는 사쿤토에 대해서는 어떤
말도 하지 않았습니다. 따라서 사쿤토를 문제 삼는 것은 억지에 불과
한 것이었습니다. 그리고 한니발의 천재성은 스키피오와 비교할 수 없
습니다. 전통적으로 해군이 강했던 카르타고였기에 로마 또한 해상 공
격을 대비하였지만, 그 틈을 이용하여 한니발은 방어가 취약한 이탈리
아 반도 북부로 쳐들어간 것입니다. 로마의 약점을 정확히 찌른 것이
지요. 또한 칸나에 전투로 로마를 멸망 직전까지 몰고 갔습니다. 이것
이 스키피오와 비교할 수 없는 한니발의 능력입니다.

이대로 변호사

　　2차 포에니 전쟁은 한니발이 조약을 어기고 로마의 동맹국이었던 사쿤토를 침략했기 때문에 일어났습니다. 조약상 사쿤토가 에브로 강 남쪽에 있다 할지라도 사쿤토는 로마의 동맹국이었으므로 침략해서는 안되는 일이었지요. 또한 한니발은 결코 훌륭한 장군이 아닙니다. 한니발은 무리한 공격을 감행하여 자신의 군사들을 희생시켰습니다. 수많은 카르타고 군사들이 알프스 산맥을 넘다가 죽었습니다. 그들은 어디서 자신의 목숨을 보상받아야 합니까? 또한 한니발은 결국 자마 전투에서 패배하여 로마의 명장 스키피오에게 무릎을 꿇었습니다. 이 사실은 한니발보다 뛰어난 스키피오의 능력을 보여주는 것이지요.

왜 한니발 장군은 알프스 산맥을 넘었을까?

기원전 2~4세기 지중해 유물

로마와 카르타고가 지중해 패권을 놓고 다투던 기원전 2~4세기. 당시에는 어떤 유물들이 있었을까요? 남아 있는 유물을 통해 당시 로마와 카르타고의 모습을 짐작해 보고, 포에니 전쟁의 치열함을 상상해 볼까요?

머리 모양 펜던트

가운데에 보석으로 된 장식을 달아 가슴에 늘어뜨리는 형태로 만들어진 목걸이를 펜던트라고 해요. 사진 속 유물은 기원전 3~4세기의 펜던트이지요. 사람의 얼굴 모양을 하고 있는 것이 특징으로, 머리 부분에는 줄을 끼울 수 있는 고리가 있어요. 동글동글 말린 머리와 수염 모양이 독특해요.

이베리아 전사 조각

유럽의 남서부 대서양과 지중해 사이에 있는 반도를 이베리아 반도라고 해요.
지금은 에스파냐와 포르투갈 2개 나라가 분할해 있지요. 사진 속 유물은 기원
전 2세기경 당시 이베리아 전사의 모습을 본뜬 조각이에요. 한 손에는 칼을 들
고, 다른 손에는 타원형 방패를 들고 있는 모습이 인상적이지요. 포에니 전쟁
당시 이베리아 전사들 역시 전투에 참가해서 치열하게 싸웠답니다.

로마 군대 조각

그림이나 조각으로 장식된 건축물의 외부나 내부의 연속적인 띠 모양 부분을 '프리즈'라고 해요. 사진 속 유물은 프리즈의 일부로 로마 군대에 속한 군인들의 모습을 잘 보여 주고 있어요. 특히 가장 가운데에 창을 짚고 서 있는 인물은 군인으로 보여요. 이 인물은 갑옷과 망토를 두르고 있고 머리에는 깃털로 장식된 투구를 쓰고 있지요.

제3차 포에니 전쟁과 그 이후

1. 카르타고는 왜 최후의 전쟁을 준비했을까?
2. 로마는 왜 카르타고를 멸망시켰을까?
3. 포에니 전쟁 후 로마는 왜 사회적 혼란을 겪었을까?

1 카르타고는 왜 최후의 전쟁을 준비했을까?

'한니발 대 스키피오' 사건의 마지막 재판이 벌어지는 세계사법정. 이번 재판 역시 법정 안은 수많은 사람들로 꽉 차 있었다.

"일동, 기립! 판사님께서 입정하십니다."

순간 법정은 쥐 죽은 듯이 조용해졌다.

판사 　모두 자리에 앉으시기 바랍니다. 지금부터 마지막 재판을 시작하겠습니다. 로마는 2차 포에니 전쟁에서 승리한 후 시칠리아, 에스파냐, 마케도니아, 그리스, 소아시아 일대를 차지하여 지중해 최고의 강국이 되었습니다. 카르타고는 2차 포에니 전쟁이 끝나고 난 이후 약 50년 동안 로마의 패권 아래 평화로운 시대를 보내고 있었지요. 그런데 왜 또다시 3차 포에니 전쟁이 일어난 것일까요? 이에 관해 원고 측 변호인께서 먼저 변론해 주시기 바랍니다.

김딴지 변호사　　한니발 전쟁이 끝나고 난 뒤 카르타고는 독립을 유지하고는 있었지만 이전과는 달리 이류 국가로 전락한 상태였습니다. 그럼에도 불구하고 카르타고는 경제를 되살리는 데 성공했습니다. 이를 염려한 로마 원로원의 카토는 카르타고가 경제력을 바탕으로 정예 군대를 육성하여, 또다시 한니발 같은 인물을 길러낸다면 로마는 재앙을 맞이할 것이라고 로마인들을 자극했습니다.

이대로 변호사　　이의 있습니다, 재판장님! 카토가 비록 강경론자이긴 했어도 그가 카르타고의 경제력을 염려했다는 것은 사실이 아닙니다. 또한 로마 원로원에는 카토와 달리 온건론자들도 많았다는 사실을 강조하고자 합니다. 예를 들어, 스키피오의 사위인 스키피오 나시카는 "어쨌든 나는 카르타고를 존속시켜야 한다고 생각합니다"라는 말로 자신의 연설을 끝맺고는 했으니까요.

판사　　로마 원로원에 강경론자와 온건론자들이 서로 균형을 이루고 있었다면 3차 포에니 전쟁은 왜 일어난 것입니까?

김딴지 변호사　　재판장님, 제가 말씀드리겠습니다. 기원전 151년 카르타고인들은 로마에 대한 전쟁 배상금을 모두 물어주었고, 이로써 로마와의 강화 조건을 모두 지켰다고 생각했습니다. 그때 당시 카르타고는 이웃 국가인 누미디아와 국경 분쟁에 시달리고 있었는데, 누미디아 군대가 계속 카르타고를 침범하자 카르타고도 군대를 누미디아 영토로 진격시켰던 것입니다. 이것은 카르타고의 정당한 방어였습니다.

이대로 변호사   이의 있습니다, 재판장님! 카르타고의 누
미디아 침공은 강화조약에 대한 중대한 위반이었습니다.
그래서 로마는 바로 조사단을 파견하여 중재에 나섰지요.
그런데 카르타고는 또다시 누미디아 수도 근처까지 쳐들
어갔습니다. 로마의 중재에도 불구하고 카르타고가 누미
디아를 공격하자 로마 원로원은 이를 분명한 조약 위반으로 규정하
여 당장 4개 군단을 편성하기에 이르렀지요. 그러자 카르타고는 급
히 로마에 사절을 파견하여 부대를 해체하고 지휘관을 처형하겠다
고 약속해 로마 원로원을 진정시켰습니다. 하지만 카르타고는 이 약
속을 성실히 지키지 않았어요. 그러니 로마에서는 전쟁을 일으키라
는 강경파의 목소리가 커질 수밖에 없었지요. 참다못한 로마는 최후
통첩을 보내어, 주민을 해안에서 15km 떨어진 곳으로 모두 이주시
키고 카르타고를 파괴하기로 하였습니다.

판사   그런 조건은 카르타고가 받아들이기 어려운 것 아니었습
니까?

김딴지 변호사   네, 당연합니다. 카르타고 시민들은 분노하여 로마
에 대항해 결전을 치를 준비를 했습니다. 농성전에 대비하여 식량을
비축했고, 여자들은 머리카락을 잘라 돌을 쏘는데 쓰는 활인 석궁에
쓸 밧줄을 만들었습니다. 또한 죄수와 노예를 풀어주고 군사로 참전
하게 하였습니다. 이렇게 해서 카르타고에 남아 있던 6만 명의 인구
중에서 2만 명 정도가 최후의 방어전을 준비했던 것입니다.

2

로마는 왜 카르타고를
멸망시켰을까?

판사 결국 전쟁은 피할 수 없는 것이 되었군요.

김딴지 변호사 그렇습니다. 하지만 카르타고는 삼면이 바다로 둘러싸여 있는 천연의 요새였습니다. 카르타고를 함락시키기란 결코 쉬운 일이 아니었지요.

이대로 변호사 하지만 카르타고가 아무리 난공불락의 요새라고 해도 로마군의 공격을 막아 내지는 못했습니다. 기원전 146년, 3차 포에니 전쟁의 3년째가 되는 해, 결국 로마군 총사령관 스키피오 아이밀리아누스에 의해 함락되고, 노예가 된 사람들은 어린아이까지 포함해서 5만 명에 이르렀습니다.

김딴지 변호사 존경하는 재판장님! 카르타고를 함락시킨 로마군의 잔혹함은 이루 말할 수 없을 정도였습니다. 성벽, 신전, 가옥들과 시장 건물들을 모두 파괴하고 불질렀습니다. 또한 땅을 가래로 갈아엎고 소금을 뿌려, 풀 한 포기 나지 않는 폐허로 만들어 버렸지요. 그것은 로마 역사상 그때까지 유례를 찾아보기 어려운 만행이었습니다. 카르타고인들에게 거부할 수밖에 없는 조건을 내세운 로마 원로원의 야비함과 스키피오 아이밀리아누스의 잔혹한 만행은 그 어떤 변명을 늘어놓아도 역사에 대한, 그리고 문명에 대한 범죄 행위인 것입니다.

이대로 변호사　　재판장님! 원래 패자는 말이 없는 법입니다. 더구나 로마군의 카르타고 파괴는 더 이상 로마의 패권에 도전하지 못하게 하려는 군사적 조치였습니다.

판사　　음, 7백 년 동안이나 드넓은 지중해 세계를 호령했던 카르타고의 영광이 불타는 폐허 속으로 사라져 버렸군요. 역사가 폴리비우스의 기록에 의하면 카르타고는 일주일 동안 불탔다고 합니다. 원고 측 변호인의 말처럼 본 재판장도 카르타고를 철저히 파괴한 로마의 행위가 너무 지나쳤다는 생각이 듭니다만……

김딴지 변호사　　네, 그렇습니다. 불타는 카르타고를 바라보면서 당시 38세였던 스키피오 아이밀리아누스는 "언젠가는 우리 로마도 카르타고와 같은 운명을 맞이할 것"이라고 말했습니다. 승자였던 아이밀리아누스도 승리의 영광과 기쁨보다는 멸망해 가는 카르타고의 모습에 인간적인 슬픔을 느꼈던 것입니다.

이대로 변호사　　재판장님, 이의 있습니다. 원고 측 변호인은 지금 감상적인 발언으로 배심원들의 동정을 얻으려 하고 있습니다. 카르

타고가 파괴된 것은 유감스럽지만, 로마 또한 많은 희생을 치르며
포에니 전쟁을 수행하였습니다. 2차 포에니 전쟁 때는 한니발의 침
공으로 멸망의 위기를 맞기도 했지만, 역설적으로 그 위기는 로마가
강대국으로 성장하는 데 크게 도움이 되었습니다. 한니발이 알프스
를 넘어 로마를 공격하지 않았던들, 로마가 그토록 굳게 단합되지도
않았을 것이고 로마 연합 역시 그토록 견고한 정치 체제를 이룰 수
없었을 것입니다. 이처럼 위기를 기회로 만드는 로마인들의 힘을 잘
대변해 주는 사례도 없을 것입니다.

왜 한니발 장군은 알프스 산맥을 넘었을까?

김딴지 변호사   존경하는 재판장님! 로마가 포에니 전쟁에서 승리하기는 했지만, 성공한 자에게는 성공 때문에 치러야 할 대가가 있는 법입니다. 로마도 예외가 될 수 없었지요. 승리에 도취된 로마인들은 그 승리를 제대로 만끽하기도 전에 아직까지 그들이 접해 보지 못했던 가장 강한 적과 대면하게 되었지요. 그것은 로마 내부에서 발생하여, 같은 로마인들끼리의 피비린내 나는 내전으로 나타났습니다. 로마의 근본적인 위기는 외부에 있었던 것이 아니라 결국 그들 내부에 도사리고 있었던 것입니다.

3

포에니 전쟁 이후 로마는 왜 사회적 혼란을 겪었을까?

판사 　▶로마는 포에니 전쟁에서 승리한 이후 지중해 세계의 최강자가 되었습니다. 이렇게 로마의 세력이 확대된 것은 집정관, 원로원, 민회가 조화를 이루며 공화정의 기능을 최대한 끌어올렸기 때문이라고 생각합니다만, 원고 측 변호인의 말처럼 정작 포에니 전쟁 이후 로마에는 내부적인 문제 때문에 정치적 위기와 사회불안이 나타났습니다. 그렇다면 도대체 어떤 문제들이 대두되었는지 궁금하군요. 당시 로마의 상황을 잘 알고 있을 피고 측 변호인이 말씀해 주시죠.

이대로 변호사 　네, 알겠습니다. 포에니 전쟁을 치르는 과정에서 로마의 권력은 원로원에 집중되었습니다. 전쟁터에서 직접 전투를 지휘했던 집정관, 법무관, 재무관 등이 대부분 원로원에서 배출된 인물들이라, 원로원은 전쟁을 승리로 이끌었다는 자부심으로 가득 차 있었죠. 3차에 걸친 포에니 전쟁과 그리스 지역의 정복은 공화국 로마에 막대한 경제적 이득을 가져다 주었는데요. 문제는 정복지에서 로마로 유입된 엄청난 숫자의 노예와 막대한 세금, 광대한 토지와 값싼 밀 등이 대부분 원로원 귀족들과 신흥 기사 계급의 차지가 된 것이었습니다.

판사   음, 전쟁의 승리로 혜택을 입은 사람들이 원로원 의원들과 신흥 기사 계급이라는 말씀인데, 그렇다면 일반 평민들의 상황은 어땠습니까?

이대로 변호사   포에니 전쟁의 승리가 부유한 귀족들에게는 굉장한 축복이었지만, 농민의 입장에서는 일종의 재앙이나 마찬가지였습니다. 포에니 전쟁 이후 농민들의 상황이 어땠는지는 직접 병사로 참전했던 농민 다이기리우스를 증인으로 모시고 들어 보고자 합니다. 다이기리우스를 증인으로 신청합니다.

판사   네, 증인 신청을 받아들입니다. 증인 다이기리우스는 앞으로 나와 증인석에 앉아 주시기 바랍니다.

판사의 말이 끝나자마자 방청석 뒤쪽에서 30대 중반으로 보이는 남루한 옷차림의 농민이 터벅터벅 법정 앞으로 걸어 나왔다. 그는 불만에 가득한 표정으로 법정을 한번 둘러보고는 증인석에 앉았다. 증인 선서가 끝나자 곧이어 이대로 변호사의 신문이 시작되었다.

이대로 변호사   바쁘실 텐데 이렇게 증인으로 출석해 주셔서 감사합니다.

다이기리우스   바쁘긴요, 실업자가 바쁜 일이 뭐가 있겠습니까?

이대로 변호사   네, 참 안타깝게 생각하고 있습니다. 증인은 언제부터 직업이 없었습니까?

다이기리우스   지상 세계에서 3차 포에니 전쟁이 끝나던 시기부터 영혼 세계인 지금에 이르기까지 실업자 신세를 면하지 못하고 있지요.

이대로 변호사   증인, 전에는 무슨 일을 했었나요?

다이기리우스   저는 원래 농민이었습니다. 땅에 밀을 심어 수확하고 시장에 내다 팔아 가족을 부양했죠. 풍족하지는 않았지만 그런대로 먹고살 만은 했는데, 그만 3차 포에니 전쟁이 터져 군대에 끌려갔습니다. 저는 북아프리카 전선에 투입되어 3년간 조국 로마를 위해 목숨을 걸고 싸웠습니다.

이대로 변호사   그럼, 전쟁이 끝나고 나서는요?

다이기리우스   전쟁이 끝나고 나서, 저는 다시 고향으로 돌아와 전과 같이 농사를 지었습니다. 그런데 시칠리아에서 값싼 밀이 들어오는 바람에 밀값이 폭락하여 밀 농사로는 생계를 유지하기가 힘들었습니다. 그래서 밀 농사를 포기하고 올리브를 재배하기로 했습니다. 올리브 나무를 심기 위해서는 자금이 필요했는데, 돈이 없던 저는 빚을 내야만 했습니다. 빌린 돈을 이자와 함께 갚아야 했기 때문에, 저는 품질 좋은 올리브를 수확하기 위해 정말 열심히 일했습니다.

이대로 변호사   그래서 올리브 농사는 잘 되었습니까? 빌린 돈도 다 갚았고요?

다이기리우스   그렇게 되었으면 얼마나 좋았겠습니까? 열심히 일해서 수확한 올리브를 팔려고 시장에 나가 보니 올리브 값이 형편없었습니다. 당시 많은 귀족들과 부자들은 국유지를 자기들 마음대로 차지하고 노예들을 부려 대규모 농장을 경영하고 있었는데, 그 농장들에서 나온 올리브 가격이 낮아서 제가 재배한 올리브는 가격 경쟁

대농장
오랜 전쟁으로 인해 몰락한 자작농의 농토를 부유한 자들이 독점하여 대농장(라티푼디움)으로 만들었습니다.

이 되지 않았습니다. 그래서 저는 결국 빚을 갚기 위해 눈물을 머금고 땅을 팔 수밖에 없었습니다.

이대로 변호사   그랬군요. 정말 안타깝습니다.

김딴지 변호사   이의 있습니다. 재판장님! 증인의 가슴 아픈 사연에 대해 안타깝다는 말만 되풀이하는 피고 측 변호인의 기만적인 태도에 분노를 금할 길이 없습니다. 이후의 신문은 제가 진행하도록 허락해 주십시오.

판사   네, 이의 신청을 받아들입니다. 피고 측 변호인이 신문하는 방식으로는 로마의 문제를 확실히 알 수 없겠네요. 원고 측 변호인, 증인 신문해 주시기 바랍니다.

김딴지 변호사   증인, 농민이 땅을 팔면 대체 어떻게 먹고산단 말입니까?

다이기리우스   그러게 말입니다. 그런데 우리 마을에서는 저같이 몰락한 농민들이 한둘이 아니었습니다. 땅을 잃고 먹고살 길이 막막해지자, 저는 같은 처지에 있는 농민들과 귀족들이 경영하는 **대농장(라티푼디움)**에 찾아가 일자리를 달라고 청했습니다. 하지만 그 농장은 노예들, 특히 카르타고에서 잡혀 온 노예들이 농사를 짓고 있었고, 일꾼은 더 이상 필요 없었습니다.

김딴지 변호사   정말 사정이 딱하게 되었군요. 그래도 가족을 부양하기 위해서는 돈을 벌어야 했을 텐데…….

다이기리우스   결국 저는 가족을 이끌고 로마 시내로 들어가기로 했습니다. 로마는 큰 도시이고, 거기에 가면 무슨 일이든 해서 목구

멍에 풀칠은 할 수 있을 거라고 생각했습니다. 그런데 로마에 들어가니 저처럼 무작정 로마로 온 사람들이 엄청나게 많은 겁니다. 일자리는 한정되어 있고 일하고 싶은 사람은 많으니 취직하기가 하늘의 별 따기였습니다. 그래도 가끔 시간제 아르바이트라도 생기면 다행이었고요.

김딴지 변호사　정말 안타깝습니다. 3차 포에니 전쟁 때는 조국을 위해 전쟁터에 나가 3년 동안 목숨을 걸고 싸웠는데, 결국은 가진 재산을 모두 잃고 실업자가 되다니! 더구나 증인은 게으른 것도 아니었고, 술주정뱅이나 도박꾼도 아니었는데 말이죠. 가족을 위해 열심히 일한 죄밖에 없는 순박하고 성실한 농민이었는데 말입니다.

다이기리우스　변호사님이 그렇게 말씀하시니 목이 메어 말을 잇지 못하겠습니다. 그런데 변호사님처럼 우리 처지를 안타깝게 여기던 청년들이 있었어요. ▶티베리우스 그라쿠스와 가이우스 그라쿠스! 바로 그라쿠스 형제였습니다. 더구나 그들은 집정관을 여러 명 배출했던 로마의 명문 그라쿠스 가문의 후손이었죠. 저는 티베리우스가 호민관을 뽑는 선거에 나오면서 했던 말을 지금도 생생하게 기억하고 있습니다.

그는 다음과 같이 연설하였습니다.

"로마는 포에니 전쟁에서 승리했지만, 승리의 과실은 일부 권력자들과 부자들이 독차지했습니다. 그리하여 지금 국가의 근간인 자영 농민이 몰락하고 있습니다. 부자는 더욱 부유해지고, 가난한 자들은 더욱 가난해지고 있습니다.

호민관
로마에는 평민회와 호민관 제도가 생기고 12표법, 리키니우스법, 호르텐시우스법 등의 법령을 통해 평민들의 국정 참여가 보장되었습니다.

교과서에는

▶ 기원전 2세기 말 호민관이 된 그라쿠스 형제는 농민들에게 토지를 재분배하는 개혁을 단행하려 했으나 대토지 소유자들의 반대로 실패에 그쳤습니다.

제가 호민관이 된다면 토지 개혁을 실시해서 가난한 사람들에게 국유지를 공정하게 재분배하겠습니다."

이 말을 듣고 저는 티베리우스의 열렬한 지지자가 되었습니다. 결국 그는 호민관에 선출되었고, 열정적으로 자신의 공약을 실천해 나갔습니다.

김딴지 변호사 그래서 티베리우스의 토지 개혁은 성공했습니까? 증인도 토지를 분배 받았고요?

다이기리우스 그런데 유감스럽게도 그렇게 되지 않았죠. 호민관 티베리우스의 개혁은 귀족들의 입장에서 볼 때, 원로원에 대한 공격이었고 그들의 권력에 도전하는 것이었습니다. 원로원은 여러 가지 수단을 동원하여 티베리우스의 개혁을 방해했습니다. 하지만 저를 비롯한 평범한 로마 시민들은 티베리우스를 계속 지지했죠.

김딴지 변호사 음, 원로원이 그렇게 반대했다면 티베리우스도 굉장히 힘들었을 텐데요?

다이기리우스 물론 그랬습니다. 하지만 티베리우스의 의지는 너무나 확고했고, 그의 뒤에는 로마 민중의 전폭적인 지지가 있었습니다. 그런데 그만 비극이 일어나고야 말았죠. 기원전 133년 여름, 티베리우스는 호민관 재선을 위해 출마했는데, 원로원의 티베리우스 반대파는 노예를 시켜 티베리우스의 호민관 재선을 무력으로 막았습니다. 그들은 티베리우스가 왕이 되려 한다면서 사정없이 몽둥이를 휘둘렀습니다. 로마 한복판에서, 그것도 대낮에 티베리우스와 그의 지지자 3백 명이 몽둥이에 맞아 죽고 말았습니다.

김딴지 변호사　　세상에! 법에 의한 통치를 자랑으로 여기던 로마에서 그런 피비린내 나는 사태가 벌어져 호민관이 맞아 죽다니……, 너무 충격적인 일입니다.

다이기리우스　　그렇습니다. 티베리우스가 공화정을 무너뜨리고 스스로 왕이 되려 했다는 것은 반대파의 모함이었습니다. 그는 조국 로마의 앞날을 걱정했던 애국자였고, 몰락하는 농민들을 위해 싸웠던 정의로운 인물이었습니다.

김딴지 변호사   티베리우스의 동생 가이우스도 나중에 호민관이 되어 형이 못다 이룬 일을 추진했다고 알고 있습니다.

다이기리우스   네, 가이우스는 티베리우스보다 9살 아래였는데, 그 역시 30세 되던 해 호민관에 출마해 당선되었습니다. 가이우스는 토지 개혁뿐만 아니라 실업자를 구제하기 위해 공공사업을 일으켰습니다. 또한 식민 도시를 건설하여 실업자를 이주시키고, 실업자들에게 값싼 밀을 공급하려고 했죠. 한 가지 빼놓을 수 없는 일은 로마 시민권을 확대한 일이었습니다. 우선 라틴 시민들에게 로마 시민권을 주고, 이탈리아 반도에 살고 있는 사람들에게는 라틴 시민권을 인정한 것이었죠.

김딴지 변호사   이번에도 원로원은 가이우스의 개혁에 반대했나요?

다이기리우스   반대만 한 것이 아니라 이번에는 원로원의 '최종 권고'를 발동했습니다. 그것은 일종의 국가 비상사태 선언이라고 할 수 있는데, 이 권고가 발동되면 반국가적인 행위는 재판 없이 처형할 수 있게 됩니다. 즉, 원로원은 가이우스를 '국가의 적'으로 규정한 것입니다. 가이우스는 쫓기다가 결국 자살로 생을 마감하게 되었죠. 그렇게 가이우스가 죽었음에도 불구하고 원로원은 가이우스파로 지목되는 사람들 3천 명을 잡아다 처형시켰습니다. 결국 가난한 우리 로마인들은 우리를 보호하고 지켜 줄 사람들을 잃고 말았지요.

김딴지 변호사   존경하는 재판장님! 이상의 증언에서와 같이 로마는 포에니 전쟁 이후 자작농의 몰락, 부익부 빈익빈, 귀족과 평민의 대립 등 심각한 사회문제를 앓았습니다. 그라쿠스 형제는 농민을 회생시켜 국가의 기반을 튼튼히 하기 위해 목숨을 바쳐 개혁을 이끌었지만, 결국 실패로 돌아갔습니다. 이후 로마는 약 1백 년간 내전 상태에 빠져들게 됩니다. 포에니 전쟁 이후 로마인들은 결국 자기들끼리 죽고 죽이는 동족상잔의 비극을 겪게 된 것입니다. 이상으로 증인 신문을 마치겠습니다.

판사   증인은 자리에서 내려가셔도 좋습니다. 이번 재판에서는 3차 포에니 전쟁의 원인, 전쟁의 패배로 철저하게 파괴된 카르타고, 그리고 달콤한 승리 속에서 로마 사회가 겪어야 했던 정치, 사회적 위기들에 대해 살펴보았습니다. 이제 재판은 원고와 피고의 최후 진술만 남겨 놓고 있습니다. 잠깐 쉬는 시간을 가진 다음 원고와 피고의 최후진술을 듣도록 하겠습니다.

다알지 기자

방금 '한니발 대 스키피오'의 재판이 모두 끝났다는 소식이 들어왔습니다. 마지막 재판에서는 카르타고의 멸망과 전쟁 이후 로마의 사회적 혼란을 다루었습니다. 이제 최종진술과 판결만이 남은 상태인데요. 한니발과 스키피오의 업적은 세 번에 걸친 포에니 전쟁의 양상과 함께 종합적으로 평가될 예정입니다. 벌써부터 배심원들과 재판부의 결정이 궁금해지는군요. 아, 지금 변호사들이 나오고 있습니다! 김딴지 변호사! 한 말씀 부탁드립니다.

김딴지 변호사

저는 로마 본국에서 시종일관 충분한 지원을 받고 전쟁을 치른 스키피오를 인정할 수가 없습니다. 더구나 그의 손자는 카르타고를 불바다로 만들었지요. 이는 전쟁의 잔혹함에 도취된 광기라고밖에 볼 수 없습니다. 훌륭한 장군은 나라와 백성을 지키는 사람이지, 파괴하는 사람이 아닙니다. 이후 로마가 큰 사회적 혼란 속으로 빠져든 것도 이와 무관하지 않습니다. 농민들이 몰락하여 빈민이 되고, 귀족들만 배부르게 된 배경은 바로 이러한 스키피오식의 잔혹함에 바탕을 두고 있는 것이지요. 이후 로마는 1백 년간의 내전 상태에 빠져 서로 죽고 죽이는 잔혹한 일을 벌이고 맙니다.

이대로 변호사

　　3차 포에니 전쟁 또한 조약을 지키지 않은 카르타고의 잘못입니다. 누미디아를 공격한 카르타고에 전쟁의 책임이 있는 것입니다. 조약을 지키지 않는 카르타고 때문에 원로원의 강경론자들이 힘을 얻었고, 이 때문에 카르타고는 멸망의 길로 들어간 것입니다. 저는 논점을 분명히 하고 싶습니다. 원고 측은 명예훼손에 대하여 고소해 놓고, 왜 로마의 전반적인 문제를 피고와 연결시키고 있는 것입니까? 로마의 사회적 혼란과 스키피오를 연결시키는 것은 억지 주장일 뿐입니다.

　　왜 한니발 장군은 알프스 산맥을 넘었을까?

전술과 전략을 볼 때,
내가 최고의 사령관이오

vs

지휘관이자 정치가로서
나는 한니발 장군을 뛰어넘습니다

판사　자, 그럼 마지막으로 원고와 피고의 최후진술을 듣도록 하겠습니다. 먼저 원고 측의 요청에 의하여 원고 한니발의 최후진술부터 듣겠습니다.

한니발　존경하는 재판장님, 그리고 배심원 여러분! 나는 로마가 카르타고에 선전포고를 하자 대규모의 병력과 코끼리 부대를 이끌고 험준한 알프스 산맥을 넘었다오. 그것은 이전에는 누구도 시도하지 못했던 위대한 업적으로 평가받고 있소. 그보다 더 위대한 업적은 16년 동안 이탈리아 반도에서 로마와 싸워 한 번도 패하지 않고 모든 전투를 승리로 이끌었다는 점이오. 그러나 나에게도 실수는 있었소. 칸나에 전투의 승리 이후 나는 로마 연합이 해체되리라 믿었지만, 로마 연합은 나의 생각보다 더 견고했다는 점이었소. 전투가 계속되면서 나는 공화국 로마의 성립 이후 지난 2백 년 동안 로마인들이 이룩한 로마 연합이라는 정치적 건축물에 경의를 표하지 않을 수 없었소. 그것은 알프스보다 넘기 힘든 거대한 산맥처럼 보였으니까 말이오. 하지만 비록 내가 자마 전투에서 스키피오에게 패했다 할지라도, 그것 때문에 스키피오가 나보다 더 위대한 장군이라고 생각해 본 적은 없소. 고대 로마에서도 그들의 적이었던 나를 스키피오보다 뛰어난 장군이라고 보는 것에는 이견이 없었소. 나는 비록 자마 전투에서는 패장이 되었지만, 보병과 기병을 유기적으로 활용하여 적을 포위하고 섬멸하는 전술을 스스로 창안했소.

내가 스키피오보다 뛰어난 군사령관이라는 생각에는 아직도 변함이 없소. 이것은 나의 명예와 자존심이 걸린 문제이니까 말이오. 모쪼록 배심원단의 현명한 판단으로 실추된 나의 명예가 다시 회복되기를 바라오.

판사 네, 다음으로 피고 스키피오의 최후진술을 듣도록 하겠습니다.

스키피오 존경하는 재판장님, 그리고 배심원 여러분! 나는 한니발 장군에 의해서 명예훼손 혐의로 피소되었소.

원고 한니발 장군이 말했듯이 어쩌면 나는 전략가로서는 그에 미치지 못할지도 모른다고 생각하오. 하지만 군대를 지휘하는 사령관으로서, 또 정치가로서 나는 한니발 장군을 뛰어넘는다고 확신하는 바이오. 그렇기 때문에 나는 한니발 장군보다 위대한 군사령관이라고 한 말이 명예훼손에 해당되는 죄라고는 생각하지 않소.

로마가 포에니 전쟁에서 승리할 수 있었던 이유는 사랑하는 부모와 형제자매, 자식, 조국을 지키기 위해 피 흘렸던 수많은 로마 시민들의 헌신이 있었기 때문이었고, 또한 로마를 중심으로 한 로마 연합이 견고한 정치 체제를 유지하고 협력했기 때문이었소.

다만 나는 전쟁으로 인해 카르타고가 철저하게 파괴된 것이 마음에 걸리오. 불타는 카르타고의 모습을 통해, 영원할 것 같아 보이는 국가도 언젠가는 멸망할 수밖에 없다는 사실을 생각하게 되는 것이오. 결국 카르타고를 멸망시킨 로마 또한 세월에 묻히고, 기둥만 앙상한 채로 변해 버렸소. 그러나 로마가 이룩한 위대한 업적과 영광은 아무리 시대가 변할지라도 쉽게 사람들의 기억에서 잊혀지지 않을 것이오. 거기에는 그 시대를 살아갔던 사람들의 숨결이 녹아 있고, 그들이 추구했던 이상과 피눈물로 이룩한 업적이 있기 때문이오.

판사   네, 지금까지 원고 한니발과 피고 스키피오의 최후진술을 직접 들어 보았습니다. 귀중한 진술을 해 주신 두 분께 감사드립니다. 배심원의 판결문은 4주 후에 나에게 전달될 예정이며 이를 참고하여 4주 후에 판결문을 공개하겠습니다. 그때까지 방청객 여러분도 이 사건에 대해 판결을 내려 보시기 바랍니다.

땅, 땅, 땅!

역사공화국 세계사법정 재판 번호 12 한니발 VS 스키피오

주문

본 법정은 원고 한니발이 피고 스키피오에 대하여 제기한 명예훼손 소송을 이유 없음으로 기각한다. 단 카르타고와 포에니 전쟁에 대한 부정적이고 왜곡된 역사 기록에 대해서는 원고 일부 승소 판결을 내리는 바이다.

판결 이유

명예라 함은 사람의 인격적 가치에 대한 사회적 평가를 말한다. 사람의 신분·성격·혈통·용모·지식·능력·직업·건강·품성·덕행·명성 등에 대한 사회적인 평가, 즉 외부적 명예를 의미하며, 그 사람이 가지는 내부적 명예와는 관계가 없다. 형법상 명예훼손이 되려면 세상 사람들이 다 알 정도로 사실 또는 허위의 사실을 알려야 한다.

스키피오 자신이 한니발보다 위대한 군사령관이라고 한 것은 주관적인 생각일 뿐이며, 스키피오가 자신의 견해를 한니발을 비방하거나 명예를 깎아내릴 목적으로 세상 사람들에게 알리지는 않았으므로, 형법상 혹은 민법상으로도 처벌할 수 없다. 아울러 카르타고와 한니발에 대한 왜곡된 사실은 이번 재판 과정에서 어느 정도 해소되었다고 판단되기에 이에 대한 별도의 시정 조치는 요구하지 않는다.

역사 사실과 역사 기록은 별개이다. 과거에 있었던 역사 사실을 있었던 그대로 재현할 수는 없으며, 기록자의 주관이 필연적으로 들어갈 수밖에 없다는 것은 오늘날 역사학계의 상식이다. 원고 한니발이 카르타고와 포에니 전쟁에 대한 역사 기록을 문제 삼을 경우, 편향된 역사 서술을 한 특정 역사가에 대해 기소할 수는 있지만, 피고 스키피오에게 그 책임을 물을 수는 없다.

역사공화국 세계사법정 담당 판사 정역사

"정치를 잘해야 전쟁에서도 승리한다"

여기는 김딴지 변호사의 사무실.

재판을 마치고 돌아온 김딴지 변호사는 소파에 털썩 주저앉았다. 다른 때보다도 더 부담이 되었던 '한니발 대 스키피오'의 재판이 끝나니 홀가분하면서도 이내 아쉬운 기분이 밀려왔다. 이번 재판을 통해 패자인 카르타고의 입장에서 포에니 전쟁을 새롭게 알렸다는 점이 보람되긴 했지만, 자신의 의뢰인이었던 한니발 장군의 원한을 완전히 풀어주지 못했던 것이 마음에 걸렸던 것이다.

'휴, 이 정도로 만족해야 할까?'

곰곰이 지난 재판을 되새겨 보고 있는 도중, 갑자기 사무실 문을 두드리는 소리가 들렸다. 이 시간에 누굴까 싶어 조심스레 문을 열어 본 김딴지 변호사는 깜짝 놀랐다. 바로 자신이 변호했던 한니발이 찾아왔던 것이다. 김딴지 변호사는 얼른 자세를 고치고 한니발을 반갑게 맞이했다.

"아니, 한니발 장군 아니십니까? 어서 들어오시지요!"

"김딴지 변호사, 그동안 고생 많았지요?"

"아닙니다. 장군께서 오히려 그동안 마음 고생이 심하셨지요."

한니발 장군은 그동안의 인상과는 다르게 털털한 웃음을 지으며 소파에 앉았다. 뭔가 아직 못다 한 이야기가 있는 듯했다. 한니발 장군이 다시 말문을 열었다.

"김딴지 변호사에게 감사의 마음을 전하러 왔소. 비록 재판 결과가 그리 만족할 만한 것은 아니었지만, 나는 이번 재판 과정을 통해 어느 정도는 나의 명예가 회복되었다고 생각하오. 그동안 김딴지 변호사가 애를 많이 써 주셨소. 그 답례로 에티오피아산 커피를 선물하고 싶소. 변호사님의 수고에 대한 나의 작은 정성이니 사양하지 말고 받아주시오."

"하하하. 그렇게 말씀하시니 감사히 받겠습니다. 저도 에티오피아산 커피를 좋아하는데 잘 되었군요. 부드러운 맛과 깊은 향으로는 에티오피아산 커피를 따라갈 수 없죠."

김딴지 변호사는 선물을 손에 들고 잠시 생각에 빠졌다. 그리고는 다시 말을 이어갔다.

"저는 그리고 이번 재판을 통해 느낀 점이 하나 있었습니다. 카르타고의 정치가들이 좀 더 단결되어 있었고, 현실에 대한 통찰을 가지고 있었더라면 한니발 장군이 2차 포에니 전쟁에서 승리할 수도 있었을 거라는 사실입니다."

김딴지 변호사의 말을 듣던 한니발 장군이 눈을 지그시 감으며 말했다.

"그 점은 나도 동의하오. 나는 로마와의 전쟁을 준비하면서 우리 바르카 가문이 일구어 낸 에스파냐의 경제력과 용병에 의존할 수밖에 없었소. 카르타고 본국에서는 별다른 지원을 받지 못했으니까 말이오. 정작 나는 카르타고를 보호하기 위해 내가 직접 육성한 용병 부대를 카르타고에 보내기도 했는데……."

아쉬움이 가득 담긴 한니발 장군의 말을 들으니 김딴지 변호사는 마음이 아팠다.

"그러게 말입니다. 장군께서 그렇게 버틸 수 있었던 것도 저는 참 대단하다고 생각해요. 귀족과 평민들이 힘을 모았던 로마와는 달리 국론이 분열되어 버린 카르타고는 그 자체만으로도 이미 전쟁에 진 것이나 마찬가지 아니었습니까? 카르타고의 경제력과 해군력이 로마에 비해 우수했다 해도, 정치력이 뒷받침 되지 못하니 아쉽게도 그 모든 장점이 빛을 잃은 게 아닌가 싶습니다. 정치를 잘 해야 전쟁에서도 승리하는 법인가 봅니다."

"그 말이 딱 맞소! 칸나에 전투에서의 승리가 결정적인 기회였는데……. 분하구려. 그때 카르타고 본국에서 과감하게 대규모 부대를 내게 보내주었더라면 얼마나 좋았을까? 그렇다면 내가 이렇게 패배자로 역사에 기록되지는 않았을 텐데."

"아니, 무슨 말씀을 그리 하십니까? 지금 한니발 장군의 용맹함을 모르는 사람이 아무도 없는데 말입니다.”

김딴지 변호사는 한니발의 마음을 달래주려 애썼다.

“카르타고 본국이 대규모 부대를 편성하여 시칠리아와 이탈리아 반도에 대한 총공격을 단행해 주었더라면……, 그리하여 이탈리아에서 기다리고 있는 나의 부대와 함께 힘을 합쳐 나아갔다면 그렇게 견고했던 로마 연합도 더 이상 견디지 못하고 두 손을 들었을 텐데. 이제 와서 이런 얘길 하는 게 의미 없겠지만, 만약 그랬으면 로마에 대한 우리 카르타고의 최종적인 승리가 가능했을 것이오. 그 점은 두고두고 아쉬움으로 남는구려. 휴. 이 얘기는 이제 그만합시다. 카르타고 정치가들의 귀가 가렵겠소. 허허. 그럼, 김딴지 변호사에게 선물도 전했으니 이만 가 보겠소. 이번 재판에서 나를 위해 애써주어 고마웠소.”

“별 말씀을요. 저도 이번 재판을 맡아 그동안 많은 것을 배웠습니다. 모두 한니발 장군의 덕분입니다. 그럼 조심히 가십시오. 다음 기회에 또 뵙겠습니다.”

한니발 장군의 돌아서는 뒷모습을 바라보며 김딴지 변호사는 다시 한번 많은 생각에 잠겼다. 가만 생각해 보면 역사란 실제로 있었던 일이므로 역사를 알면 현재를 살아갈 지혜를 배우게 되는 것 같았다. 그리고 예전의 어리석은 실수를 교훈 삼아 잘못된 역사가 반복되는 것을 막는 것이 역사를 배우는 가장 큰 목적이 아닐까 하는 생각이 머릿속에서 맴돌았다.

한니발의 군대가 넘어간 알프스

　유럽 중남부에는 아주 커다란 산이 있어요. 스위스, 프랑스, 이탈리아, 오스트리아에 걸쳐 있는 알프스라는 산이지요. 최고 높은 봉우리인 몽블랑은 4,807m에 달할 정도로 그 높이가 아주 높답니다. 백색을 뜻하는 라틴어에서 어원을 찾을 수 있을 정도로 알프스라는 산은 이름 자체가 '희고 높은 산'을 뜻하지요.

　높고 험한 산이자 유럽 여러 나라에 걸쳐 있기 때문에 알프스는 유럽 역사에 자주 등장을 하지요. 오스트리아군과 싸우기 위해 나폴레옹은 알프스를 넘으며 "나의 사전에 불가능이란 없다"고 외쳤기도 하지요. 기원전에도 알프스가 중요한 역사의 한 장면이 되는 일이 있었어요. 당시에 로마로 가기 위해서는 바다를 이용하는 것이 가장 일반적인 방법이었지요. 왜냐하면 로마는 세 면이 바다로 둘러싸인 반도에 위치한 나라였기 때문이에요. 더군다나 로마의 북쪽은 높은 산맥으로 된 알프스가 가로막고 있어

알프스 산을 넘는 한니발 군대

알프스 산

이 산을 넘는 것은 매우 힘들었답니다. 하지만 이 알프스를 당시 카르타고의 장군 한니발은 군대를 이끌고 넘었지요.

　　사실 알프스는 동서로만 1,000km 이상에 걸쳐진 긴 산맥이에요. 평균 해발고도는 2,500m이지요. 히말라야산맥이나 안데스산맥에 비하면 고도는 낮지만 산꼭대기에 빙하가 발달해 있어서 춥고 험한 것이 특징이에요. 이런 특징 때문에 아름다운 고산 풍경이 만들어지기도 하고 겨울 스포츠를 즐길 수 있기도 해서 매년 많은 관광객들이 알프스를 찾고 있답니다.

찾아가기 스위스·프랑스·이탈리아·오스트리아에 위치

『역사공화국 세계사법정 12 왜 한니발 장군은 알프스를 넘었을까?』
와 관련한 논술 문제를 풀어 봅시다.

※ 다음 제시문을 읽고 물음에 답하시오.

(가) 카르타고의 장군 한니발은 강력한 군대와 코끼리 군단을 이끌
    고 알프스 산맥을 넘어 로마로 진격했어요. 로마 군은 한니발
    군대가 해안가로 올 것으로 예측하였기 때문에 산맥을 넘어온
    한니발의 작전에 속수무책으로 당할 수밖에 없었지요. 알프스
    를 힘겹게 넘어오는 동안 한니발의 군대도 많은 타격을 받았지
    만 로마군에게도 큰 타격을 줄 수 있었답니다.

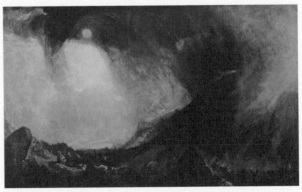

알프스 산을 넘는 한니발 군대의 모습을 그린 그림(터너의 작품)

(나) 한니발의 기습 소식에 로마의 장군 스키피오는 아프리카에 있
　　는 카르타고 본토로 쳐들어갑니다. 로마에서 전투 중이었던 한
　　니발은 이 소식을 듣고 급히 카르타고로 철수하게 되지요. 스키
　　피오의 작전이 멀리 있던 한니발의 군대를 불러들이게 된 것이
　　랍니다.

1. (가)와 (나)는 포에니 전쟁 때 사용된 전략과 전술이에요. 한니발의 작
　　전인 (가)와 스키피오의 작전인 (나) 중 보다 효과적이라고 생각하는
　　것을 골라 그 이유와 함께 쓰세요.

※ 다음 제시문을 읽고 물음에 답하시오.

(가) 'Hannibal Ad Portas!(한니발이 성문 밖에 왔다.)'

— 로마의 부모들이 못되게 구는 아이를
겁주기 위해 하는 말

(나) "평상시 그 어떤 때도 이때처럼 로마의 성벽 안이 공황과 혼란
으로 가득한 적이 없었다. 그러나 내가 이에 대하여 어떠한 방
식으로 적더라도 그 현장의 광경보다는 덜할 것이기에, 이를 적
지 않고자 한다."

— 한니발 군에게 크게 패한 칸나에 전투에 대하여
로마의 역사가 리비우스가 한 말

(다) "그의 강철의지 앞에서 높은 산도 몸을 낮춘다."

— 한니발의 묘비명

한니발의 동상(루브르 박물관)

2. (가)~(다)는 포에니 전쟁 당시 한니발을
둘러싼 여러 말이에요. (가)~(다)를 종합
하여 당시 한니발이 어떤 평가를 받았는
지 추측하여 쓰세요.

왜 한니발 장군은 알프스 산맥을 넘었을까?

해답 1 한니발의 작전인 (가)와 스키피오의 작전인 (나)는 모두 전쟁에 큰 영향을 준 효과적인 작전이었어요. 한니발이 로마군의 예상을 뒤엎고 알프스 산을 넘어간 것도, 스키피오가 한니발의 본토를 쳐들어간 것도 모두 큰 효과가 있었기 때문이에요. 하지만 (가)는 작전을 편 한니발 역시 큰 피해를 입었지요. 힘들게 산을 넘어가야 했고, 추위와 위험에 많은 군사를 잃어야 했답니다. 따라서 (가)의 작전보다는 (나)의 작전이 보다 효과적이라고 생각합니다.

해답 2 로마군은 물론 로마 사람들에게 카르타고의 장군 한니발은 무서운 존재였어요. 때문에 못되게 구는 아이에게 '한니발이 온다.'는 말로 겁을 주었고, 그에게 크게 패한 전투의 광경을 기록으로 남기지 못할 정도로 혼란스럽다고 역사가는 말하였지요. 그의 묘비명에 있던 것처럼 강철과 같은 의지를 가졌던 한니발은 당시 많은 사람들이 두려워했던 존재였어요. 그만큼 용맹하고 의지가 굳센 인물이기도 하였지요.

* 해답은 예시로 제시된 내용입니다.

왜 한니발 장군은 알프스 산맥을 넘었을까?

역사공화국 세계사법정 12

왜 한니발 장군은 알프스 산맥을 넘었을까?

© 박재영, 2010

초   판 1쇄 발행일 2010년 11월 19일
개정판 1쇄 발행일 2015년 1월 15일
       4쇄 발행일 2021년 7월 23일

지은이   박재영
그린이   이남고
펴낸이   정은영

펴낸곳   (주)자음과모음
출판등록   2001년 11월 28일 제2001-000259호
주소   04047 서울시 마포구 양화로6길 49
전화   편집부 (02) 324-2347 경영지원부 (02) 325-6047
팩스   편집부 (02) 324-2348 경영지원부 (02) 2648-1311
이메일   jamoteen@jamobook.com

ISBN 978-89-544-2412-7 (44900)

과학공화국 법정시리즈 (전 50권)

생활 속에서 배우는 기상천외한 수학·과학 교과서!
수학과 과학을 법정에 세워 '원리'를 밝혀낸다!

이 책은 과학공화국에서 일어나는 사건들과 사건을 다루는 법정 공판을 통해 청소년들에게 과학의 재미에 흠뻑 빠져들게 할 수 있는 기회를 제공한다. 우리 생활 속에서 일어날 만한 우스꽝스럽고도 호기심을 자극하는 사건들을 통하여 청소년들이 자연스럽게 과학의 원리를 깨달으면서 동시에 학습에 대한 흥미를 가질 수 있도록 구성하였다.